Campus

Gesamtkurs
Latein

Ausgabe **B**

Training 3

C.C. BUCHNER

Campus

Gesamtkurs Latein. Ausgabe B

Herausgegeben von Christian Zitzl (Freyung), Clement Utz (Regensburg), Andrea Kammerer (Neutraubling) und Reinhard Heydenreich (Fürth).

Erarbeitet von Dr. Johanna Butz (Weiden), Dr. Wolfgang Freytag (München), Johannes Fuchs (Passau), Dr. Gerhard Hertel (Bamberg), Reinhard Heydenreich (Fürth), Ulf Jesper (Kiel), Andrea Kammerer (Neutraubling), Elisabeth Kattler (Würzburg), Birgit Korda (Freising), Christl Lobe (Bayreuth), Dr. Michael Lobe (Nürnberg), Diana Lohmer-Lößl (Cham), Dr. Stefan Müller (Hagen), Dr. Wilhelm Pfaffel (Regensburg), Andreas Rohbogner (Altötting), Sabine Rumpler (Straubing), Dr. Anne Uhl (Buxtehude), Clement Utz (Regensburg) und Christian Zitzl (Freyung).

Training 3 wurde bearbeitet von Dr. Johanna Butz, Johannes Fuchs, Elisabeth Kattler, Christl Lobe und Dr. Anne Uhl.

Über weiteres fakultatives Begleitmaterial informiert Sie
C.C. Buchners Verlag Postfach 1269 D 96003
www.ccbuchner.de service@ccbuchner.de

1. Aufl. 1 6 5 4 3 2 1 2013 12 11 10
Die letzte Zahl bedeutet das Jahr dieses Drucks.
Alle Drucke dieser Auflage sind, weil unverändert, nebeneinander benutzbar.

www.ccbuchner.de

Lektorat: Bernd Weber
Satz und Gestaltung: tiff.any GmbH, Berlin
Illustrationen: tiff.any GmbH / Heimo Brandt, Berlin
Umschlaggestaltung: creo Druck & Medienservice GmbH, Bamberg / Ines Müller, Bamberg
Druck und Bindung: creo Druck & Medienservice GmbH, Bamberg

ISBN 978-3-7661-**7813**-8

Einladung

ins Trainingscamp für dich

Trainingszeiten

Mehrmals wöchentlich.
Denn wenn du regelmäßig wenige Minuten übst, ist das besser, als wenn du alles auf einmal übst!

Trainingsziel

Gute Beherrschung der lateinischen Sprache.
Denn was du kannst, macht dir normalerweise auch Spaß, und was dir Spaß macht, machst du normalerweise auch gerne!

Trainingsplan

Wiederhole und sichere den jeweiligen Lernstoff – denn ohne Fleiß kein Preis!
Bereite dich anhand der Selbsttests auf Klassenarbeiten, Schulaufgaben und Tests vor – denn Übung macht den Meister!

Trainingsvoraussetzungen

Beginne erst, wenn du den Wortschatz und die Grammatik der jeweiligen Lektion deines Lehrbuchs gelernt hast!

P. S. Den Übersetzungsübungen sind aus Platzgründen keine Schreiblinien zugeordnet. Schreibe die Lösungen zu diesen Übungen in ein eigenes Heft.
Das Lösungsheft gibst du am besten deiner Mutter oder deinem Vater zur Aufbewahrung. Sie können dann immer überprüfen, wie gut du schon geworden bist.

1 Zweideutig

In allen Sprachen gibt es Vokabeln, die über ihre wörtliche Bedeutung hinaus eine sogenannte „übertragene" Bedeutung erhalten haben. Zum Beispiel meint Be-greifen zunächst „(mit den Händen) greifen", wird aber fast nur noch als Synonym für „verstehen" verwendet, da man mit dem Verstand gleichsam auf bestimmtes Wissen zugreifen kann. Man spricht hier von Metaphern. Suche die Metaphern, die in den folgenden Verben stecken:

	wörtlich	metaphorisch
a) comprehendere	(mit den Händen) packen	begreifen ~ verstehen
b) accipere		
c) movere		
d) opprimere		
e) tradere		
f) torquere		

2 Der lange Weg zum Fremdwort

Viele deutsche Fremdwörter sind vom lateinischen PPP abgeleitet. Trage in die Tabelle die lateinische Partizipialform ein und setze davor den lateinischen Infinitiv Präsens Aktiv. Erkläre dann in der vierten Spalte das jeweilige Fremdwort.

Inf. Präs. Akt.	PPP	Fremdwort	Bedeutung
		a) Skript	
		b) Akt	
		c) Tortur	
		d) Konversion	
		e) Impuls	
		f) Fakt	
		g) Desiderat	
		h) Invasion	

3

Vom Saulus zum Paulus

Wähle die passende Partizipialform aus und übersetze:

a) Saulus in urbem Damascum (!) (pergentem / pergens / pergentium) secum cogitabat: **b)** „Multos Christianos (comprehensos / comprehendens / comprehendentes) religionem Iudaeam servabo.“ At subito lux clara de caelo (misso / mittenti / missa) Saulum terruit. **c)** Ille equum ea luce (perterrens / perterrita / perterritum) retinere vix potuit. **d)** Saulus quadam voce (sollicitata / sollicitatus / sollicitans) in terram cecidit. **e)** His autem verbis Dominus ipse Saulum monuit: „Saule, Christianos a te (oppressos / oppresso / opprimentes) vidi; illos homines miseros (flens / flentes / flentem) audivi. **f)** Converte vitam tuam et aperi aures oculosque hominum in tenebris (viventibus / viventes / viventium)!“

Der heilige Paulus lässt sich in Damaskus taufen. Byzantinisches Mosaik. 12. Jh. Dom von Monreale, Sizilien.

4

Seltsame Geschichten über Christen

Der römische Kaufmann Aurelius spaziert mit seinem Geschäftspartner Phokas durch die Hafenstadt Ephesos. Aurelius fällt auf, dass manche Hauswände mit einem merkwürdigen Fischsymbol verziert sind.

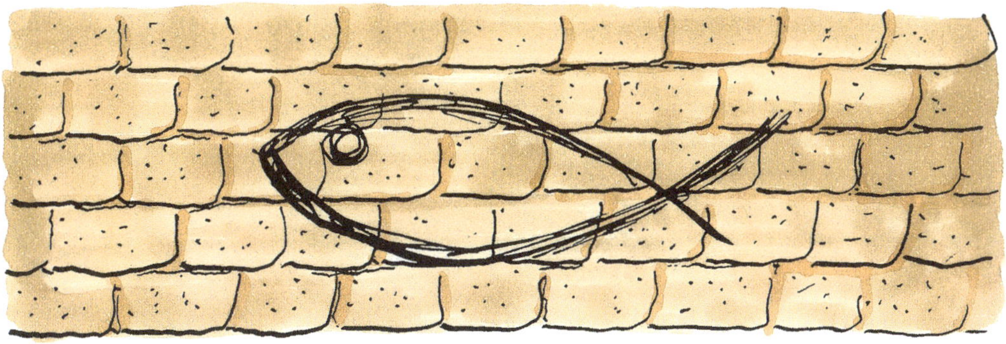

a) Aurelius: „Videsne domos miris signis ornatas? Quid indicat signum, amice?“ **b)** Phocas: „In domibus eo signo ornatis Christiani vivunt. **c)** Libenter tibi famam a multis hominibus traditam narrabo. **d)** Isti Christiani domos quasdam occulte petentes a cunctis contemnuntur. **e)** Isti homines stulti quendam sceleratum in cruce necatum colunt. **f)** Contendunt istum Iesum sanguinem effundentem totum mundum servavisse. **g)** Equidem audivi Christianos sanguinem liberorum a sacerdotibus occisorum bibere. **h)** Luxuriam contemnentes pecuniam suam pauperibus donant. **i)** Istis vitam aeternam exspectantibus mors timorem non inicit. **j)** Nonnulli Christiani in vincula dati tamen in deum novum credere non desinunt.“

1. Übersetze den Text.
2. Was bedeutet das Fischsymbol an den Häusern der Christen?
3. Wie steht Phokas zu den Christen? Belege deine Beobachtungen am Text.

1 Gesucht: 12 Partizipien im Ablativ

Mögliche Suchrichtungen: ← → ↑↓

X	E	T	C	V	L	M	S	A
M	T	A	O	D	R	C	T	D
E	N	C	L	A	U	S	O	E
T	E	E	L	T	E	S	B	E
U	N	N	O	I	N	S	O	T
E	O	T	C	S	T	I	T	N
N	P	E	A	I	E	S	I	E
T	E	C	T	A	M	L	N	B
E	D	E	I	S	O	U	O	U
F	S	I	S	L	U	P	M	I

PPA	PPP
1.	1.
2.	2.
3.	3.
4.	4.
5.	5.
	6.
	7.

2 Hauptsächlich – nebensächlich

Schritt 1: Klammere in den folgenden Sätzen den Ablativus absolutus zunächst ein und übersetze nur die Hauptaussage. | **Schritt 2:** Welche Informationen liefert der Ablativus absolutus zur Erweiterung des Satzes? Kreuze an: Begründung? Zeitangabe? | **Schritt 3:** Nimm nun das Partizip unter die Lupe: Ein Partizip Präsens signalisiert, dass die Handlung des Ablativus absolutus gleichzeitig zur Haupthandlung geschieht, ein PPP zeigt dagegen an, dass die Handlung vorher geschah. Kreuze an. | **Schritt 4:** Übersetze den Satz vollständig. Wähle aus den folgenden Subjunktionen aus, um den Ablativus absolutus mit einem Gliedsatz übersetzen zu können: **während** – **als** – **nachdem** – **da** – **weil**

a) Claudia studente Marcus officia neglexit.

○ Begründung ○ Zeitangabe ○ Partizip Präsens → Gleichzeitigkeit ○ PPP → Vorzeitigkeit

Übersetzung:

b) Marco magna voce clamante Claudia irae plena est.

○ Begründung ○ Zeitangabe ○ Partizip Präsens → Gleichzeitigkeit ○ PPP → Vorzeitigkeit

Übersetzung:

c) Claudia a magistro laudata Marcus tacet.

○ Begründung ○ Zeitangabe ○ Partizip Präsens → Gleichzeitigkeit ○ PPP → Vorzeitigkeit

Übersetzung:

d) Marco a magistro reprehenso Claudia ridet.

○ Begründung ○ Zeitangabe ○ Partizip Präsens → Gleichzeitigkeit ○ PPP → Vorzeitigkeit

Übersetzung:

Ergänzung gesucht

3

Wenn du die jeweils mit einem Ablativus absolutus beginnenden Sätze (1–4) richtig ergänzt (a–d), erfährst du von drei Herkulestaten.

1 Leone atroci in silvis errante

2 Leone necato

3 Labore in stabulo Augiae[1] confecto

4 Hydra[2] magna vi pugnante

a) Hercules ad stabulum Augiae[1] missus est.

b) Hercules constituit dolo et auxilio amici pugnare.

c) homines in magno timore vivebant.

d) Eurystheus Herculem labores novos subire iussit.

[1]stabulum Augīae der Stall des Augias [2]Hydra die Hydra (ein vielköpfiges, schlangenartiges Ungeheuer)

... und hier die ganze Geschichte der Hydra!

4

a) Gehe bei der Übersetzung von Sätzen mit Ablativus absolutus so vor, wie du es in Aufgabe 2 geübt hast. Zur Erleichterung findest du hier die Ablativi absoluti schon markiert.

1. Iam multis hominibus ab illo monstro immani occisis Eurystheus rex Herculi dixit: **2.** „Omnibus officiis adhuc bene confectis credo solum te Hydram superare posse. **3.** Miseriae hominum fac finem!“ **4.** Hercule et Iolao[1] amico diu per silvam errantibus Hydra in spelunca[2] latebat. **5.** Hydra ab amico e spelunca pulsa Hercules capita monstri conspexit; non cessavit primum caput ense delere. **6.** Primo capite autem deleto duo capita nova creverunt[3]. **7.** Ideo Hercules dolum invenit: Hercule capita Hydrae gladio delente Iolaus igne vulnera protinus exurebat[4]. **8.** Omnibus capitibus ita deletis Hydra tandem omnino victa et tota regio servata est.

[1]Iolāus Iolaos (Herkules' Gefährte)
[2]spēlunca Höhle
[3]crēscere, crēscō, crēvī wachsen
[4]exūrere ausbrennen

b) Betrachte das Vasenbild. Wer ist Herkules, wer Iolaos? Begründe deine Entscheidung.

Herkules und Iolaus bekämpfen die Lernäische Hydra. Griechische Vasenmalerei. Um 480 v. Chr. Palermo, Museo Archeologico Nazionale.

1 Julia – laut und leise

a) Verbinde jeweils ein Substantiv im Ablativ mit einem Partizip im Ablativ zu einem Ablativus absolutus, der die Begründung dafür liefert, warum Julia lacht.

1 Libello	A cantantibus
2 Mensa	B invento
3 Sceleratis	C ineunte
4 Vere	D ornata
5 Pueris	E punitis

… Iulia ridet.

Julia lacht, weil ……………………………………………………………………

……………………………………………………………………

……………………………………………………………………

b) Wann schwieg Julia eigentlich einmal?

1 Marco	A vulnerato
2 Equo	B clamantibus
3 Servis	C studente
4 Fabula	D raptis
5 Ornamentis	E narrata

… Iulia tacuit.

Julia schwieg, weil (während, als, nachdem) ……………………………………………

……………………………………………………………………

……………………………………………………………………

2 Zeitlich

Beachte das Tempus des Prädikats und die Zeitstufe des Partizips. Kreuze die richtige Übersetzung an.

a) Iulia canente
mater ridet.

- ○ Weil Julia sang, lacht die Mutter.
- ○ Weil Julia singt, lacht die Mutter.
- ○ Weil Julia sang, lachte die Mutter.

b) Iulia ab omnibus laudata
mater ridet.

- ○ Weil Julia von allen gelobt worden war, lachte die Mutter.
- ○ Weil Julia von allen gelobt wurde, lacht die Mutter.
- ○ Weil Julia von allen gelobt wird, lachte die Mutter.

Herkulestaten (I) 3

Übersetze und achte dabei besonders auf das Zeitverhältnis:

a) Eurystheus: „Hydra victa homines nunc liberi sunt. **b)** Herculi corpus suum saepe exercenti novos labores parabo. **c)** Isto leone feroci occiso Herculem in aliam regionem mittam.“

Herkulestaten (II) 4

Kreuze an, welche Sinnrichtungen in diesen Sätzen möglich sind:
KA = kausal, TE = temporal, KO = konzessiv

	KA	TE	KO
a) Leone per silvas errante homines tecta non relinquebant.			
b) Leone ab Hercule occiso tamen homines in tectis manserunt.			
c) Officiis ab Hercule bene factis Eurystheus rex labores novos invenit.			
d) Hercule summa vi pugnante Hydra primo interfici non potuit.			

Auseinandersetzungen mit einem Wildschwein 5

Löse den Ablativus absolutus gemäß der Vorgabe auf:

	A temporal	B kausal	C konzessiv
1 Adverbialsatz	während, als, nachdem	da, weil	obwohl
2 Beiordnung	danach, währenddessen	deshalb, deswegen	trotzdem, dennoch
3 Präpositionalausdruck	nach, während	wegen	trotz

a) Hydra victa Eurystheus Herculi non pepercit. C3

b) Apro[1] in agros invadente homines ab Eurystheo auxilium petebant. B2

c) Multis viris fortibus ab apro interfectis homines iam desperabant. A1

d) Hercule summis viribus contendente primo aper capi non potuit. C1

e) Dann trieb Herkules den Eber in eine hohe Schneewehe … Apro in nive[2] incluso Hercules bestiam in vincula dedit. A1

f) Hercule aprum ante regem trahente Eurystheo magnus timor iniectus est. A1

Louis Tuaillon: Herkules und der Erymanthische Eber. Bronzeplastik. 1904. Berlin-Tiergarten, Lützowplatz.

[1]aper, aprī der Eber, (männliches) Wildschwein
[2]nix, nivis *f* Schnee

1 Bilde den Ablativ!

	Singular	Plural
a) cubiculum		
b) vicus		
c) numen		
d) tu		
e) pons		
f) vos		
g) portus		

	Singular	Plural
h) ego		
i) miles		
j) arbor		
k) nos		
l) nomen		
m) res		
n) munus		

2 Erinnerungen an einen treuen Sklaven

Verbinde jeweils ein Substantiv im Ablativ mit einem passenden Adjektiv, Partizip oder einem anderen Substantiv, sodass sich jeweils ein Ablativus absolutus ergibt, der sinnvoll die Begleiterscheinungen zur Aussage des Hauptsatzes angibt. Übersetze anschließend.

Me …	… me terrente …	
Doloribus …	… flente …	… Syrus amicus bonus fuit.
Bestia …	… me torquentibus …	

Me …	… mortuo …	
Avo …	… bene factis …	… Syrus servus liberatus est.
Negotiis …	… invito …	

Avo …	… duce …	… Syrus Syriam reliquit.
Patre …	… auctore …	… Syrus in domum nostram pervenit.
Fratre suo …	… vivo …	… Syrus in Syriam patriam redibit.

Multifunktional: Herkules und die Stymphalischen Vögel

Folgende Funktionen des Ablativs kennst du bereits:

A	in Verbindung mit einem Partizip, Adjektiv oder Substantiv als **Ablativus absolutus**
B	Angabe der **Zeit** (Wann?)
C	Angabe des **Ortes** (Wo?), meist in Verbindung mit der Präposition in
D	Angabe eines **Grundes** (Warum?)
E	Angabe des **Mittels** (Womit? Wodurch?)
F	Angabe von **Begleitumständen (Begleitpersonen)**, häufig in Verbindung mit der Präposition cum
G	Ausdruck der **Trennung** oder der **Herkunft**, häufig in Verbindung mit der Präposition a/ab oder e/ex
H	Angabe einer **Eigenschaft** oder **Qualität**
I	Bezeichnung der **handelnden Person im Passiv**, immer in Verbindung mit der Präposition a/ab

Albrecht Dürer: Herkules erlegt die Stymphalischen Vögel. 1500. Nürnberg, Germanisches Nationalmuseum.

Markiere in den folgenden Sätzen nur die Ablative und ordne ihnen die Buchstaben **A–I** zu.

1 Scitis Herculem virum vi ingenti fuisse.
2 Multis factis miris ab eo confectis homines perrexerunt eius auxilium petere.
3 Mox homines eum adierunt magna voce clamantes:
4 „Aves[1], qui in patria nostra vivunt, conspectu foedo nos terrent!
5 Pennis[2] acribus eos, qui cum iis confligunt, laedunt."
6 Hercules pronuntiavit se illas aves auxilio Vulcani dei superare posse.
7 Amicis idoneis enim carebat.
8 Vulcanus nocte Hercule auctore crepundia[3] ingentia fecit.
9 Istis crepundiis Hercules tantum clamorem fecit, ut aves territae e latebris[4] suis fugerent.

Nachdem Herkules die Vögel auf diese Weise aufgescheucht hatte, war es ihm ein Leichtes, sie einzeln mit seinen Pfeilen zu erlegen.

[1]avis, is *f* Vogel [2]penna Feder [3]crepundia, ōrum *n Pl.* Rassel, Klapper [4]latebra Versteck

Selbsttest zu den Lektionen 76–79

Bearbeite zunächst die Aufgaben. Vergleiche dann deine Antworten mit den Antworten im Lösungsteil.

1 Bilde Partizipien im Ablativ: 8 BE

		Singular	Plural
a) invitare	→ PPP *f*		
b) tegere	→ Part. Präs.		
c) conscribere	→ PPP *m*		
d) exire	→ Part. Präs.		
e) includere	→ PPP *n*		
f) capere	→ PPP *f*		
g) decernere	→ Part. Präs.		
h) conficere	→ PPP *m*		

2 Ablativus absolutus → Präpositionalausdruck 5 BE

Übersetze nur den Ablativus absolutus. Gib ihn im Deutschen mit einem Präpositionalausdruck wieder.

a) Vere ineunte Eurystheus Herculem arcessivit. **b)** Periculo cognito Hercules laborem novum subiit. **c)** Sole occidente Hercules monstrum invenit. **d)** Monstro resistente Hercules pugnare perrexit. **e)** Pugna confecta Hercules vulnera monstri spectavit.

3 Lass dich nicht täuschen! 7 BE

Liegt bei den farbig markierten Worten ein Ablativus absolutus (**1**), eine andere Art von Ablativ (**2**) oder ein ganz anderer Kasus (**3**) vor? Notiere die richtige Ziffer hinter jedem Satz:

a) Villa muris circumdata Marcus tutus est. ☐ **b)** Marcus cibo in villa parato in campo manet. ☐ **c)** Marcus magistro bene docente caret. ☐ **d)** Marcus cum viris sapientibus orationem magistri audit. ☐ **e)** Magistro orationem habente nonnulli viri non auscultabant. ☐ **f)** Magistro officia neglegenti pueri non parent. ☐ **g)** Magistro non bene docente Marcus ludum non amat. ☐

4 Die neue Religion 6 BE

a) In welchem wichtigen Dokument stellte Kaiser Konstantin das Christentum mit den übrigen Religionen des römischen Reiches gleich? **b)** Die Stadt Konstantinopel wurde schon mehrmals umbenannt. Nenne zwei weitere Namen dieser Stadt. **c)** Wer wird als „Apostel der Deutschen" bezeichnet? **d)** Nenne zwei deutsche Bistümer, an deren Gründung er mitgewirkt hat.

Textarbeit

5

Lies den folgenden Text genau durch und löse danach die Aufgaben unter dem Text:

Iesu[1] in quoddam oppidum veniente homines appropinquabant, ut Iesum audirent. Inter eos fuit quidam vir, qui Zachaeus[2] nominabatur. Cum portitor[3] dives esset et a civibus magnam pecuniam postulavisset, omnibus odio fuit. Itaque nemo illi viro viam dedit, ut Iesum videret. Cum parvi corporis esset, arborem ascendere decrevit. Postquam Iesus illum in arbore se observantem vidit, clamavit: „Zachaee, descende de arbore! Te conveniam in domo tua.“ Iesu domum Zachaei intrante homines irae pleni clamabant: „Apparet Iesum amicum adversariorum nostrorum esse. Nobis praesentibus hominem pecuniae tam avidum convenit.“ Zachaeus tam laetus erat, ut magnificam cenam poni iuberet. Iesus autem inter cenam Zachaeum admonuit: „Tecum cenare non recusavi. Sed dona magnam partem pecuniae tuae pauperibus!“ His verbis dictis Zachaeus vitam suam convertit, ut Domino placeret.

Bibelillustration aus dem 13. Jh. London, British Museum.

[1]Iēsūs (Abl. Iēsū, Akk. Iēsum) Jesus [2]Zachaeus: Zachäus (Eigenname) [3]portītor Steuerpächter

1. Zachäus gilt in seiner Stadt als Außenseiter. Welche Gründe werden dafür im Text genannt? 2 BE

- Er ist unverheiratet.
- Er ist klein.
- Er beutet seine Mitbürger aus.
- Er war schon in Schlägereien verwickelt.

2. Wie zeigt sich die Abneigung der Bürger gegenüber Zachäus? 2 BE

- Sie drohen ihm mit Schlägen.
- Sie streuen Gerüchte über ihn aus.
- Sie nehmen keine Rücksicht auf seine Körpergröße.
- Sie zahlen keine Steuern mehr.

3. Welche Regeln für das Zusammenleben kann man dieser Geschichte entnehmen? 3 BE

- Gib auch denen einen Chance, die Böses getan haben!
- Reiche sollen sich um das Wohl der Armen sorgen.
- Streu keine Gerüchte aus!
- Jesus mag klein gewachsene Menschen lieber als große.

4. Markiere im Text die vier Ablativi absoluti. 4 BE

5. Wie ist in Z. 2 und 5 die Subjunktion cum zu übersetzen? 2 BE

6. In welcher Zeile befindet sich ein konsekutiver ut-Satz? 1 BE

BE	40-35	34-29	28-23	22-17	16-11	10-0
Bewertung	grandios	respektabel	ordentlich	durch-wachsen	schwach	misslungen

80

1 Zauberstab

Ersetze die Form des Demonstrativpronomens **iste** durch die entsprechende Form des Interrogativpronomens **qui / quis** und umgekehrt:

istum barbarum

....

istud scelus

istis navigiis

....

....

cuius hominis

....

....

qua re

2 Streichkonzert

Streiche in jeder Zeile die Form des Substantivs, die nicht zur angegebenen Form von **qui** passt:

a) reges – dux – militis: **qui**
b) hostis – pueris – senatoribus: **quibus**
c) urbi – servae – vini: **cuius**
d) tecta – fraus – flos: **quae**
e) barbari – puero – senatori: **cui**
f) litus – donum – locum: **quod**

3 Nachgefragt

Der Sklave Flavus läuft ratlos im Kneipenviertel umher. Plötzlich wird er von dem Konsul Acutius Nerva aufgehalten und muss ihm Rede und Antwort stehen. Flavus ist so verwirrt, dass er nur konfuse Antworten geben kann. Ordne den Fragen des Konsuls die passenden Antworten zu. Übersetze danach die Unterhaltung.

1 Quod nomen tuum est?	**A** Dominus me misit.
2 Quae patria tua est?	**B** Marcum, filium Corneli Balbi, quaero.
3 Cuius domini servus es?	**C** E Germania venio.
4 Quot servi in ea domo serviunt?	**D** Iuvenis in tabernis esse amat.
5 Quare nocte huc venis?	**E** Flavus nominor.
6 Quid hic facis?	**F** Cornelio Balbo servio.
7 Quid credis: Quo loco istum iuvenem invenies?	**G** Non sinit. Cornelius Balbus filium iterum atque iterum reprehendit.
8 Ego numquam sinam filium meum nocte in tabernas ire. Sinitne pater filium nocte eo loco vinum bibere?	**H** Cum amico bibere amat … Ah … Video Marcum. Videsne: Cum filio tuo istam tabernam relinquit!
9 Utrum cum amicis an sine amicis bibit?	**I** Cornelius Balbus ipse numerum servorum suorum nescit.

80

Ordne die Antworten des Flavus den Fragen des Konsuls richtig zu:

1	2	3	4	5	6	7	8	9

4

Herkules-Prüfung

Der Lehrer Eudoxus überprüft die Kenntnisse seiner Schüler über das Leben des Helden Herkules. Sicherlich kannst auch du seine Fragen beantworten. Kreuze die richtige Antwort an:

a) Quot labores Hercules subiit?

- duodecim
- octo
- decem

b) Cur tantis laboribus torquebatur?

- quia fratrem suum necaverat.
- quia filiam Eurysthei regis coniugem petebat.
- quia Iunoni deae odio erat.

c) Qua veste Hercules corpus et caput texit?

- pelle[1] elephanti
- pelle lupi[2]
- pelle leonis

Zentaur. Griechische Bronzeplastik. 5. Jh. v. Chr. New York, Metropolitan Museum of Art.

d) Hercules adhuc ut deus vivit an mortuus est?

- Hercules immortalis est.
- Coniunx errans Herculem interfecit.
- Hercules in pugna a bestia atroci necatus est.

e) Weil über die letzte Frage in der Klasse Unklarheit herrscht, erzählt Eudoxus die Geschichte von der Begegnung mit dem Zentauren Nessus. Übersetze sie:

1 Hercules cum Deianeira[3] uxore Boeotiam[4] petens ad fluvium quendam pervenit. **2** Diu cogitant: Quemadmodum eum fluvium transire possumus? **3** Hercule et Deianeira cogitantibus Nessus Centaurus[5] appropinquat. **4** Hercules eum rogat: „Portasne uxorem trans fluvium?“ **5** Nessus: „Quod praemium mihi praebebis?“ **6** Primo Hercules dubitat: „Utrum coniugem cum isto monstro immani trans fluvium mittere possum an non?“ **7** Nessus autem amore motus non dubitat Deianeiram tangere et corripere. **8** Ubi primum Hercules id animadvertit, irae plenus monstrum ense vulnerat. **9** Sanguine e vulnere exeunte Nessus Deianeirae hoc consilium dat: „Infunde vesti Herculis sanguinem meum, ut semper a marito tuo ameris! Nonne tibi id consilium placet?“ **10** His verbis dictis Centaurus occidit. **11** Postea autem Deianeira a verbis Nessi persuasa ea ipsa veste maritum interficit.

[1]pellis, is Fell, Haut [2]lupus Wolf [3]Deianeira Deianeira (die Ehefrau des Herkules) [4]Boeōtia Böotien (griech. Landschaft) [5]Nessus Centaurus der Zentaur Nessos (Ein Zentaur ist ein Mischwesen aus Mensch und Pferd.)

81

1 Gesucht!

Markiere alle Verbformen, die im Konjunktiv Präsens stehen:

a) affirmamus **b)** exerceat **c)** confirment **d)** exstingues **e)** quiescam
f) fugiat **g)** prodideram **h)** obtineatis **i)** corripiantur **j)** intelleget
k) cogamur **l)** venerat

2 Zauberstab

Verwandle Indikativformen in Konjunktivformen derselben Zeitstufe und umgekehrt:

a) produntur		**g)** sim	
b) quievissem		**h)** moneamur	
c) desperabamus		**i)** potestis	
d) it		**j)** volunt	
e) issem		**k)** dem	
f) iniciuntur		**l)** munit	

3 Rundläufe

a) tradit → Passiv → Konj. → Impf. → Pl. → 2. Pers. → Indikativ → Fut. I → Aktiv → Sg. → 3. Pers. → Präs. →

b) potest → Perf. → Pl. → Plusqpf. → Konj. → Impf. → Präs. → Indikativ → Fut. I → Fut. II → Sg. → Fut. I → Präs. →

Abhängig!

4

Bringe den zweiten Satz in die Abhängigkeit vom ersten.
Konzentriere dich dabei besonders auf die Verbformen im ut- bzw. ne-Satz.

a) Deianeira Herculem orat: Arcesse Nessum!

→ Deianeira Herculem orat, **ut** ....

b) Hercules Nessum rogat: Porta Deianeiram trans fluvium!

→ Hercules Nessum rogat, **ut** ....

c) Nessus ab Hercule postulat: Praebe mihi eximium praemium!

→ Nessus ab Hercule postulat, **ut** sibi ....

d) Nessus ab Hercule laesus Deianeiram admonet: Accipe sanguinem meum!

→ Nessus ab Hercule laesus Deianeiram admonet, **ut** .... suum ....

e) Nessus enim cupit: Deianeira sanguine meo Herculem interficiet.

→ Nessus enim cupit, **ut** .... suo ....

f) Hercules doloribus laborans Deianeiram obsecrat: Libera me ab ista veste!

→ Hercules doloribus laborans Deianeiram obsecrat, **ut** se ....

Eine Täuschung

5

a) Canis[1] cum per fluvium carnem[2] portet, existimat se in aqua alium canem, qui aliam carnem portat, videre. **b)** Tam stultus enim est, ut non intellegat illum canem profecto se ipsum esse. **c)** Immo studet, ut carnem illi cani alieno rapiat. **d)** Itaque os aperit, ut carnem, quam in aqua aspicit, corripiat. **e)** Proinde illam carnem, quam habet, amittit. **f)** Haec fabula nos monet, ne res alienas appetamus.

1. Markiere im Text alle Konjunktive und binde sie mit einem Rückwärtspfeil an die Subjunktionen, durch die diese Konjunktive ausgelöst werden.

2. Untersuche genau die Pronomina ille und ipse, außerdem das Adjektiv alius. Wer oder was ist jeweils gemeint? H1 = Hund, H2 = Spiegelhund, F1 = Fleisch, F2 = Spiegelfleisch

[1]canis, is *m* Hund [2]carō, carnis *f* Fleisch

1 Zauberstab

Verwandle Aktivformen ins Passiv und umgekehrt:

accusavissent ....

constituerant ....

avertes ....

adducti sunt ....

aspicereris ....

conspectus est ....

2 Komplett!

Nun kennst du alle lateinischen Verbformen. In einer Tempusreihe kannst du beweisen, ob du die Formen wirklich sicher beherrschst.

Ind. Präs.	capit	terremus	reprehenderis
Konj. Präs.			
Ind. Impf.			
Konj. Impf.			
Fut. I			
Ind. Perf.			
Konj. Perf.			
Ind. Plusqpf.			
Konj. Plusqpf.			
Fut. II			

3 Eine Froschgeschichte

a) Rana[1] quaedam ira commovetur, cum ruri taurum ingenti magnitudine aspexerit. **b)** Cum eandem magnitudinem cupiat, hoc consilium difficile capit: **c)** „Me inflabo[2], ut corpus meum augeam." – Daraufhin bläht sich unser Frosch mehr und mehr auf. – **d)** Cum rana non iam dubitet, quin magno corpore sit, liberos suos rogat: **e)** „Nonne taurum magnitudine corporis iam supero?" **f)** Liberis negantibus rana iterum magna vi studet, ut aere corpus augeat. **g)** Cum liberi iterum affirmaverint eam taurum magnitudine corporis nondum superare, rana se inflare pergit. **h)** Certe finem scis illius ranae et illius fabulae.

[1] rāna Frosch
[2] īnflāre aufblasen

1. Kreuze an, welches Ende denkbar ist:

- a) Tandem rana tanta est quantus taurus.
- b) Rana tam diu se inflare pergit, ut se ipsam necet.
- c) Taurus ranam ridet et rana se inflare desinit.
- d) Tandem ranam vires deficiunt, ut se inflare non iam possit.

2. „Magna vi contendens corpus augebo." Übersetze den Partizipialausdruck in diesem Satz zunächst mit einem Adverbialsatz, dann mit Beiordnung, schließlich mit einem Präpositionalausdruck.

Julia schimpft. 4

Julia sollte auf ihren kleinen Bruder Markus aufpassen. Am Abend bekommt der Kleine einiges zu hören. Bilde aus Julias Notizen ganze Sätze. Das Verbum im Nebensatz muss im Konjunktiv Perfekt stehen.

Julias Notizen: ~~non quiescere~~ – adesse – exire – canere – neglegere – sollicitare – parere – tangere – infundere – turbare

„Te reprehendo, Marce …

a) cum nocte non quieveris.

b) cum prima luce magna voce ……………………

c) cum numquam mihi ……………………

d) cum me semper …………………… e) cum ornamenta mea ……………………

f) cum aquam in vestem meam …………………… g) cum officia ……………………

h) cum me invita …………………… i) cum mihi laboranti non ……………………

j) cum totam villam ……………………"

Markus verteidigt sich. 5

Markus' Notizen: ~~laudari~~ – reprehendi – premi – laedi – rideri – dari – includi – excitari – perterreri

„Cura tua mihi odio est …

a) cum numquam laudatus sim. b) cum ……………………

c) cum saepe ……………………

d) cum mille verbis acerbis a te ……………………

e) cum a te …………………… f) cum a te quasi in vincula ……………………

g) cum in villa …………………… h) cum a te e somno ……………………

i) cum conspectu tuo malo ……………………"

1 Präzisionsarbeit

Ramme den jeweils passenden Pfosten in das dafür vorgesehene Pfostenloch, indem du seine Nummer über das Pfostenloch schreibst:

2 Sprachübung

Übersetze die folgenden Sätze. Schau dir vorher noch einmal S. 118 (83 M) in deinem Lateinbuch an.

a) **Mercatoribus** de silvis Germaniae **narrantibus …**	**1** mulieres metus immanis invadebat.
	2 mulieres non timebant.
	3 mulieres tacebant.
b) **Germani** a rege suo **sollicitati …**	**1** impetum in Romanos fecerunt.
	2 tamen arma non ceperunt.
	3 Romanis tandem obstiterunt.

Römer raus!

3

Wähle jeweils die richtige Partizipialform aus und übersetze:

a) Romanis Galliam et Germaniam usque ad Rhenum[1] fluvium (**occupantibus / occupatam / occupatis**) Germani primo quieti suis in vicis manebant.

b) Exercitu Romano trans Rhenum[1] (**mittente / misso / missum**) multos Germanos magnus timor invasit.

c) Varo[2] imperatore praesidia per Germaniam (**distributi / distributo / distribuente**) nonnulli Germani Arminio[3] duce eius incepto obstabant.

d) Clade atroci (**accepto / accepta / accipiente**) Romani regiones trans Rhenum sitas[4] reliquerunt. Ii fines „Germania libera" appellabantur.

e) Militibus Romanis Rhenum[1] non iam (**transitis / transeuntis / transeuntibus**) mercatores Romani tamen cum Germanis negotia agebant.

f) Mercatores negotia facere non desierunt multis mulieribus Romanis crines flavas (blonde Haare) Germanarum (**appetitis / appetentibus / appetente**)!

[1]Rhēnus der Rhein [2]Vārus: röm. Feldherr [3]Arminius: germanischer Fürst [4]situs, a, um gelegen, befindlich

Haarige Angelegenheit

4

Der Cheruskerfürst Arminius nahm tapfer den Kampf mit dem römischen Feldherrn Varus auf. Vor der entscheidenden Schlacht verliebte sich aber Ventidius, ein Offizier des Varus, in Thusnelda, die blonde Frau des Arminius. Die folgende Geschichte erzählte man sich damals an den Lagerfeuern der Cherusker:

a) Ventidius, legatus Romanus, Thusneldam, uxorem pulchram Arminii nostri, appetebat. **b)** Ventidio multa munera dante Thusnelda fidem marito datam servabat. **c)** Quidam haec quoque narrant: Ventidius crines flavas (blonde Haare) Thusneldae rapuit. **d)** Putaverat enim crinibus raptis Romanos a Germanis vinci non posse. **e)** Sed crines a Ventidio raptae cladem Romanam non averterunt. **f)** Duces enim Germanorum iterum atque iterum Arminium, praeclarum imperatorem, admonentes tandem effecerunt, ut hostibus magna vi obstaret. **g)** Postremo Arminius militibus clam in silvis distributis totum paene exercitum Vari perdidit.

Thusnelda und Ventidius. Szenenbild aus Heinrich von Kleists Drama „Die Hermannsschlacht". Hamburger Schauspielhaus 2007.

Selbsttest zu den Lektionen 80–83

Bearbeite zunächst die Aufgaben. Vergleiche dann deine Antworten mit den Antworten im Lösungsteil.

1 Übertrage die passenden Verbindungen in die Tabelle

6 BE

saeculum – cuius – quibus – rei – cui – artem – vi – quam – quod – qua – mentis – flagitiis

Akk. Sg.		Dat./Abl. Pl.	
Nom./Akk. Sg.		Gen. Sg.	
Dat. Sg.		Abl. Sg.	

2 Formentelefon

6 BE

1 1. Pers.		2 2. Pers.		3 3. Pers.	
1 Präs.	2 Impf.	3 Fut. I	4 Perf.	5 Plusqpf.	6 Fut. II
1 Singular			2 Plural		
3 Indikativ			4 Konjunktiv		
5 Aktiv			6 Passiv		

a) Rufe an: **3 2 1 4 6** exstinguere - **2 1 2 4 5** quiescere - **1 5 1 4 5** obtinere

....

b) Bestimme mit Hilfe des Formentelefons: intellexisses, corriperent, proditi sitis

....

3 „Imperium sine fine"

a) Wie heißen die Städte heute?

6 BE

A Augusta Vindelicorum

B Mogontiacum

C Colonia Claudia Ara Agrippinensium

D Castra Regina

E Augusta Treverorum

F Colonia Ulpia Traiana

b) Richtig oder falsch? Kreuze an:

4 BE

	richtig	falsch
A Germani murum longum, qui adhuc „Limes" appellatur, locaverunt, ut se contra finitimos defenderent.	●	●
B Germani in arboribus habitabant, ne a Romanis invenirentur.	●	●
C Romani libenter Germanos milites conscripserunt.	●	●
D Romani primi in Germania vineas coluerunt.	●	●

Textarbeit: Löwe und Maus

Lies den folgenden Text genau durch und löse danach die Aufgaben unter dem Text:

Leone quodam sub arbore quiescente mures[1] rident et gaudent ludis. Id tanto clamore faciunt, ut leo e somno excitetur. A leone irae pleno unus e muribus capitur, cum celeribus pedibus ad cavum currat. Mus miser omnibus viribus corporis contendens leonem fugere non potest. Ergo vi verborum contendere decernit: „Te oro, leo magnifice, ut me dimittas. Id tibi promitto: Semper tibi adero, cum auxilium tibi necesse erit.“ Cum leo in animo ista verba rideat, misericordia[2] motus muri parcit. Paulo post leo laqueo[3] captus frustra[4] studet, ut se a summa miseria liberet. Cum leo amicos vocet, nemo auxilio venit. Subito autem mus adest. Dentibus[5] acribus laqueum solvens fidem servat.

[1]mūs, mūris *m* Maus [2]misericordia Mitleid [3]laqueus Strick
[4]frūstrā *Adv.* vergeblich [5]dēns, dentis *m* Zahn

1. Kreuze an: 6 BE

		richtig	falsch
A	Der Löwe freut sich über die Spiele der Mäuse.		
B	Der Löwe nimmt die Worte der gefangenen Maus nicht ernst.		
C	Selbst der gefürchtete Löwe zeigt Mitleid.		
D	Zum Glück kann sich der Löwe in Not auf die anderen Löwen verlassen.		
E	Die Maus wagt es nicht, dem Löwen zu helfen.		
F	Die Maus steht zu ihrem Wort.		

2. Welche Adjektive passen in dieser Fabel zur Beschreibung der Maus? Kreuze an: 4 BE

sapiens turpis miser atrox laetus saevus parvus

3. Übersetze die Subjunktion cum jeweils zum Zusammenhang passend: 6 BE

Z. 2 f.: … cum celeribus pedibus ad cavum currat ....

Z. 4 f.: … cum auxilium tibi necesse erit ....

Z. 5: Cum leo in animo ista verba rideat … ....

4. Welche Art von Nebensätzen leitet hier ut jeweils ein? Kreuze an: 2 BE

Finalsatz, **K**onsekutivsatz, **B**egehrsatz	F	K	B
Z. 1: Id tanto clamore faciunt, ut …			
Z. 4: Te oro, leo magnifice, ut me dimittas.			

BE	40–35	34–29	28–23	22–17	16–11	10–0
Bewertung	grandios	respektabel	ordentlich	durch-wachsen	schwach	misslungen

84

1 Gleichstand

Bilde jeweils die entsprechende Form der anderen Verben:

postulare	poscere	exigere
postulas		
	poscebatur	
	–	exacta sunt
postulemus		
	poposcistis	
		exegisset
	poscent	

2 Gesucht: Zwei Gegner

Unterstreiche zunächst alle Konjunktivformen. Aus den markierten Buchstaben der Indikativformen und aus denen der Konjunktivformen lassen sich die Namen zweier erbitterter Gegner bilden:

EDIDE**R**IM EVENI**A**T PERG**U**NT
REST**I**TUISSEM COMPERI**S**SENT
QUAESI**V**ERO **S**OLVEBAS
LOCAB**A**NTUR **M**ISSI ESSENT SI**N**AMUS
S**I**NT RESTIT**U**ATUR EDITU**R**

Gegner 1 (Indikativ): ☐☐☐☐☐ Gegner 2 (Konjunktiv): ☐☐☐☐☐☐☐☐

3 Nachgefragt

Sicherlich erinnerst du dich noch an den strengen Konsul in Lektion 80 dieses Trainingshefts. Heute nimmt er seinen missratenen Sohn ins Verhör. Setze das richtige Fragewort ein. Danach übersetze das Verhör.

cur – unde – quae – -ne … an – cuius – quocum – utrum … an – quot

a) Te interrogo, ... venias. **b)** Scire volo, ... exieris. **c)** Dic mihi, ... in taberna .... in theatro fueris. **d)** Si in theatro fuisti, narra mihi, ... fabula acta sit. **e)** Si in taberna fuisti, dic mihi, aquam .... biberis .... vinum. **f)** Si vinum bibisti, dic mihi, ... pocula (Becher *n Pl.*) vini biberis et .... pecunia vinum solveris. **g)** Si affirmas te aquam tantum bibisse, e te quaero, ... recte stare non possis!

„Quid Publius quaerit?" 4

Kurz vor der Varusschlacht möchte der Bauer Publius sich und seine Familie – seinen Vater, seine Ehefrau Licinia, den Sohn Quintus und seine Sklaven und Sklavinnen – in Sicherheit bringen. Sie stehen kurz vor der Flucht, die aber gründlich geplant ist. Hier die letzten Fragen des Hausherrn:

a) Narravistine amicis de fuga nostra, Quinte? **b)** Latentne ornamenta aurea sub terra, ave? **c)** Duxistine taurum e stabulo (aus dem Stall), serve? **d)** Utrum cibi a te parati sunt an cibos emere debemus, Licinia? **e)** Portasne tela tecum, Quinte? **f)** Condidistine aes in veste tua, Licinia? **g)** Suntne fenestrae clausae, Quinte? **h)** Munivistisne portam saxis, servi? **i)** Fecistisne deis sacra, feminae? **j)** Praebuistine equis aquam, serva? **k)** Solvistine amico aes alienum, Quinte? **l)** Videtisne iam milites, servi?

Der schwerhörige Großvater fürchtet, nicht alles verstanden zu haben. Deshalb wiederholt Quintus noch einmal alle Fragen, allerdings als indirekte Fragen. Nun ändert sich einiges im Satzbau: Er benötigt zum Teil andere Subjunktionen, es ändert sich der Modus und meistens auch das Subjekt.

Quintus: Pater quaerit, …

a) **num** amicis de fuga narra**verim**. **b)** …………… ornamenta aurea sub terra.

c) …………… taurum e stabulo …………… **d)** ……………

cibi a matre …………… …………… cibos emere ……………

e) …………… tela mecum …………… **f)** …………… mater aes in

veste sua …………… **g)** …………… fenestrae clausae ……………

h) …………… …………… portam saxis ……………

i) num …………… deis sacra …………… **j)** …………… serva equis

aquam …………… **k)** …………… ego amico aes alienum

…………… **l)** …………… servi milites iam ……………

Frosch und Maus 5

a) Quidam mus[1] ad fluvium habitabat. **b)** Diu nescivit, quid trans fluvium eveniret. **c)** Cum loco suo cibos non iam inveniret, se ipsum rogavit, quemadmodum nunc ali posset. **d)** Nemo ei narrare potuit, qualem vitam mures finitimi trans fluvium agerent. **e)** Cum transire non posset, e quadam rana[2] quaesivit, num sibi adesset. **f)** Illa, postquam subsidium promisit, murem ad pedem alligavit[3]. Deinde rana fluvium transire coepit. **g)** Mus miseriam imminentem intellegens clamavit: „Num me interficere cupis?" **h)** Sed rana eo clamore mota non est. **i)** Tum mus comprehendit: Mox occidam, rana autem vivet. **j)** Subito milvus[4] magnus ad-volavit et ranam corripuit et cum rana etiam murem miserum.

[1]mūs, mūris *m* Maus [2]rāna Frosch [3]alligāre anbinden, festbinden [4]mīlvus Raubvogel

85

1 Blinde Passagiere

Hier haben sich Wörter unter die Adverbien gemischt, die zwar so aussehen, aber keine sind. Streiche sie durch und ordne sie in die richtigen Boote.

aliter – iter – divite – acre – arte – impedirer – per – aperte – frequenter – denique – bene – paupere – pare – subito – vehementer – sine – fortiter – ponte – propter – tace – clam – cito

Notiere Substantive auch im Nom. Sg., Adjektive auch im Nom. Sg. m, Verben auch im Infinitiv:

2 Mach es selbst!

Bilde Adverbien zu folgenden Adjektiven:

a) sapiens **b)** superbus **c)** turpis **d)** celer **e)** bonus **f)** foedus **g)** atrox **h)** mirus **i)** nefarius

3 Einsteigen bitte!

Suche alle Wörter, die auf „e" enden, heraus und verteile sie auf die fünf Gondeln.

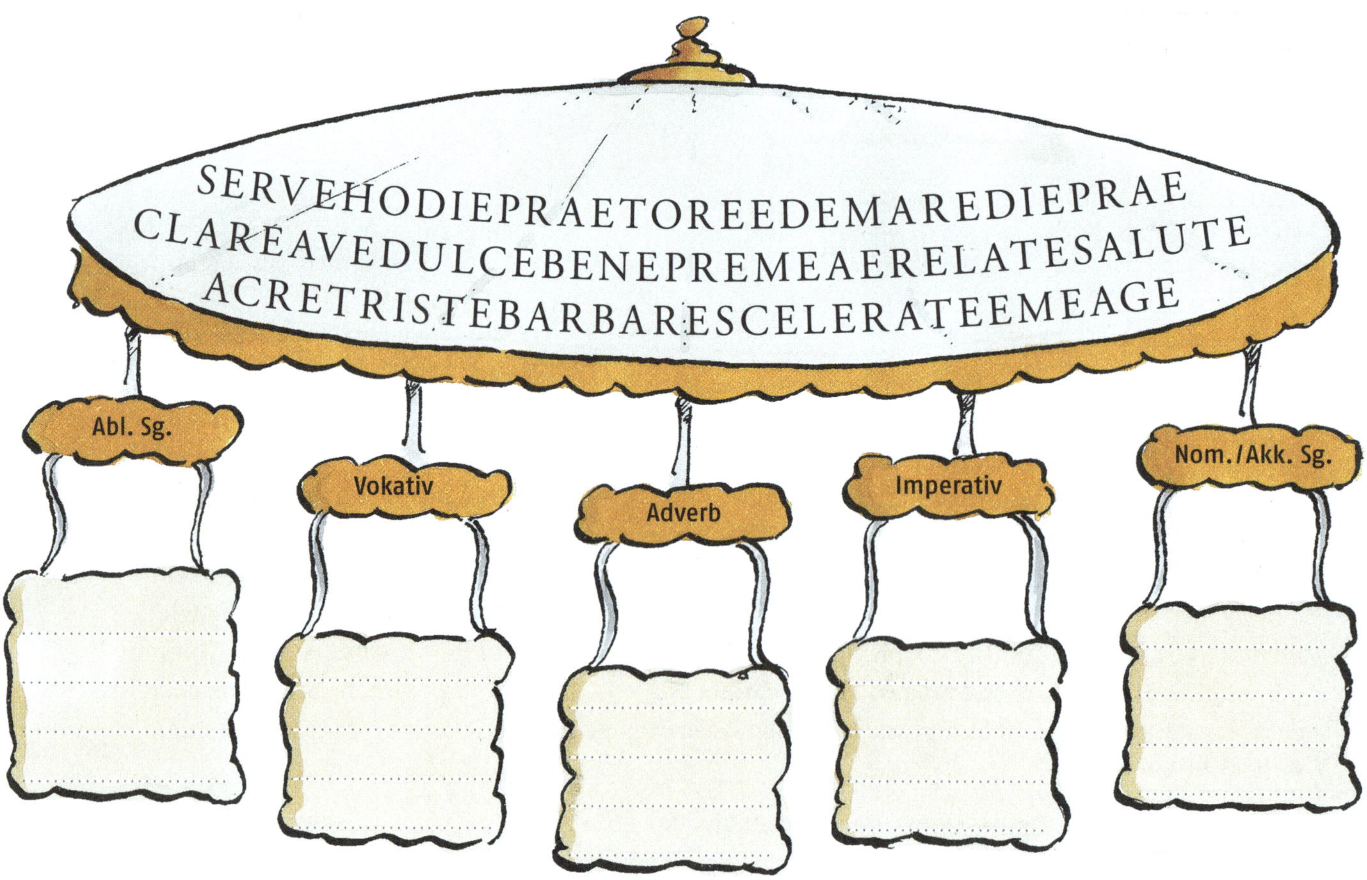

Adjektiv oder Adverb?

4

Füge das in Klammern stehende Adjektiv in der richtigen Form ein. Passe dabei Adjektive an oder bilde das Adverb. Übersetze danach deine Sätze.

Diskussionen nach dem Tod eines Sklaven durch ein Friseurmesser:

a) „Servus miser .... (crudelis) necatus est."

b) „Ii homines, qui in via pilam[1] iactaverunt, ... (sceleratus) sunt."

c) „Ego existimo tonsorem[2] .... (diligens) non egisse.

d) Cultro[3] tam .... (acer) radebat[4], ut servus magno in periculo esset."

e) „Ego istum servum .... (stultus) puto, cum tonsori tam

.... (malus) se crediderit."

f) „Ego omnes homines .... (sapiens) duco, qui istos tonsores corpora

tantum curantes .... (vehemens) reprehendunt."

[1]pila Ball [2]tōnsor, ōris Friseur [3]culter, cultrī Messer [4]rādere rasieren

Wolf (lupus) und Hund (canis)

5

a) Lege, quam dulcis libertas sit! Quidam lupus canem ante villam iacentem forte aspexit et salutavit. **b)** Lupus: „Video te feliciter vivere. Quis tam bene te curat? Corpus tuum grave est, quamquam canis tantum es; at ego paene pedibus ire non iam possum, cum per multos dies cibum bonum non invenerim." **c)** Canis se iactans: „Dominus sua sponte cibos mihi praebet. Ambo beate vivere possumus, si meam condicionem accipies: Praesta domino diligenter hoc officium! Clama magna voce, cum fures nocte ante villam videris (Fut. II)!" **d)** Lupus: „Ego quoque sub tecto tuto vitam dulcem et quietam agere volo. Superbus lupos miseros spectabo, qui cibos in silvis quaerunt." **e)** Canis: „Celeriter veni mecum!" **f)** Cane surgente lupus aspexit collum[1] laesum canis. **g)** Lupus: „Unde hoc, amice?" **h)** Canis: „Nihil est. Quia ferox sum et quia dominus timet, ne acriter liberos violarem, interdiu[2] me in vincula dat. Sed sine labore interdiu venter[3] meus completur. Numquam crudeliter in me animadvertunt homines." **i)** Lupus: „Quid facis, si forte in silvam abire in animo habes?" **j)** Canis: „Non licet." **k)** Lupus: „Profecto turpiter vivis: Venter tuus quidem plenus est, sed libertate cares!"

[1]collum Hals [2]interdiū tagsüber [3]venter Magen

1 Ersetzbar

Ersetze die Formen von portare durch die entsprechenden Formen von ferre und umgekehrt:

a) portabam		h) portaretis	
b) ferent		i) feras	
c) portavisses		j) portaverunt	
d) latus est		k) ferunt	
e) portat		l) portamus	
f) ferres		m) feremur	
g) porta		n) portabantur	

2 Formentelefon: afferre

1 1. Pers. Sg.	2 2. Pers. Sg.	3 3. Pers. Sg.	4 1. Pers. Pl.	5 2. Pers. Pl.	6 3. Pers. Pl.
1 Präs.	2 Impf.	3 Fut. I	4 Perf.	5 Plusqpf.	6 Fut. II
3 Indikativ			4 Konjunktiv		
5 Aktiv			6 Passiv		

a) 1135 ....

b) 2546 ....

c) attulimus ....

d) 3245 ....

e) 2146 ....

f) allati estis ....

3 Chaotisch

Stelle die Formen richtig und übersetze sie dann:

a) obLAUTREM → ....

b) dFIFETR → ....

c) eBAFEREMF → ....

d) oTULIB → ....

e) eFURUNTEFR → ....

f) inRFEREM → ....

Sinnvoll und möglich? 4

Streiche die Wörter oder Wortverbindungen, die inhaltlich und / oder grammatikalisch nicht zum Prädikat passen:

a) … illata est.	←	arma	iniuria	vestis	magna copia vini
b) … extulerunt.	←	mortuos	victorem	arbori	facta
c) … perferimus.	←	labores	dona	vineas	bellum
d) Marcus … praefert.	←	vino aquam	pace bellum	amicae amicum	amorem odio
e) … referam.	←	quid viderim	me bestiam heri vidisse	librum	patris

Eingesetzt 5

Setze die Partizipien sinnvoll ein und übersetze dann mit Hilfe der Klammertechnik.

praelata – ferentem – collatis – illati – delatum – allatos – delatum

a) Lucius et Marcus puellas conferunt et haec inveniunt: **b)** Lucius: „Cornelia a multis pueris ………………………… te et me contemnit.“ **c)** Marcus: „De Claudia id mihi ………………………… est: Donis in villam ………………………… non semper gaudet.“ **d)** Lucius: „Quod donum a te iam ………………………… est?“ **e)** Marcus: „Libros a me ………………………… reppulit.“ **f)** Lucius: „Certe id fecit, quia ornamenta mea praefert.“ **g)** Marcus: „Illi dolores a Claudia mihi ………………………… a me bene feruntur. **h)** At Anna a Claudia et a Cornelia differt: Nuper me libros in manibus ………………………… rogavit, ut de libris meis referrem!“

vulpēs

Fuchs und Storch 6

a) De vulpe et ciconia haec fabula refertur: **b)** Cum vulpes finitima animalia ad cenam vocavisset, ciconia cenam eximiam exspectans per multas horas neque cenavit neque bibit. **c)** Profecto vulpes ciconiae sorbitionem[1] magno labore paratam obtulit. **d)** Ciconia nesciebat, quemadmodum sorbitionem biberet. **e)** Illa vehementer studens cibum accipere non potuit. **f)** Paulo post vulpi litterae perlatae sunt, quibus a ciconia ad cenam vocata est. **g)** Cum in triclinium ciconiae pervenisset, vulpes mensam diligenter ornatam aspexit. **h)** Magnae autem irae plena vidit cibum a ciconia illatum esse in lagunam[2] altam, quam vulpi obtulit. **i)** Nunc vulpes nesciebat, quo modo cenaret. **j)** Conferte ambo facta!

[1]sorbitiō, ōnis Suppe [2]lagūna Flasche

cicōnia

87

1 Synonym

Ordne die Wörter, die eine ähnliche Bedeutung haben, zu Paaren (z. B. „G8"):

A licet	B destinare	C fanum	D vexare	E firmus	F ferre
1 torquere	2 fortis	3 permittitur	4 tolerare	5 templum	6 constituere

2 Formenrundläufe

a) **sumus** → Perf. → 3. Pers. → Sg. → Plusqpf. → Konj. → Impf. → 1. Pers. → Pl. → Präs. → Ind.

b) **potest** → Perf. → Plusqpf. → 2. Pers. → Konj. → Impf. → 3. Pers. → Präs. → Ind.

c) **volo** → Pl. → 3. Pers. → Perf. → Konj. → Impf. → 2. Pers. → Sg. → 1. Pers. → Präs. → Ind.

d) **is** → 1. Pers. → Impf. → Pl. → Perf. → 3. Pers. → Konj. → 2. Pers. → Präs. → Sg. → Ind.

3 Erträglich!

Bilde zu jeder Form von **portare** die entsprechende Form von **ferre**:

a) portabo		**e)** portaret	
b) portavimus		**f)** portantur	
c) portata est		**g)** portari	
d) portamini		**h)** portet	

4 Vorangestellt: Präfixe

Was drücken die folgenden Präfixe aus? Übersetze die Verben möglichst wörtlich:

	dt. Bedeutung(en)					
in-		in-ferre	in-ire	in-ducere	in-vocare	in-esse
re-		re-ferre	re-ducere	re-vocare	red-ire	red-dere
ad-		ad-esse	ad-ire	ad-ducere	ad-dere	af-ferre

Der kleine Unterschied

5

Übersetze jeweils mit verändertem Prädikat:

a) Constat / Apparet / Oportet Germanos deis Romanis sacra facere.
b) Placet / Licet / Prodest Romanis deos Germanorum quoque colere.

Marcus an Quintus

6

Marcus hat seinen Onkel, einen römischen Legionär, nach Germanien begleitet und schreibt nun an seinen Freund Quintus nach Rom:

a) Germani arbores et fontes tamquam deos colunt. b) Viros bonos tantum duces faciunt. c) Libertatem magis aestimant quam luxuriam. d) Eos, qui consilia mulierum neglegunt, nefarios ducunt. e) Mercurium deum lingua sua „Donar", Iovem deum „Ziu" nominant. f) Cur Germani a nobis barbari appellantur?

Quintus berichtet in der Schule von Marcus' Brief:

g) Germani putant arbores et fontes sacros esse. h) Aestimant viros honestos tantum duces bonos esse. i) Putant servitutem rem atrocem esse. j) Dicunt verba quarundam mulierum sancta esse. k) Putant „Ziu", quem lingua nostra Iovem appellamus, deum summum esse. l) Marcus quidem existimat illos Germanos non iam barbaros esse.

Seltsame Tiere in Germanien

7

In seinem Buch „De bello Gallico" berichtet Cäsar auch einiges über die Tierwelt Germaniens:

a) In Germania sunt bestiae, quae appellantur „alces"[1]. b) Quamquam capris[2] conferri possunt, eos magnitudine superant. c) Cornua[3] earum bestiarum acria non sunt, pedes autem articulis[4] carent! d) Ideo neque in terra considunt, ut quiescant, neque, si ceciderunt, surgere possunt. e) Ut quiescant, arbores firmae iis bestiis necessariae sunt. f) Est autem in Germania aliud genus bestiarum, quae „uri"[5] dicuntur. g) Hi magnitudine elephantis (!), specie tauris conferri possunt. h) Et celeres et fortes sunt. i) Haec animalia insidiis capta subiguntur. j) Iuvenes cornua urorum per vicos ferentes ab omnibus laudantur. k) Cornua argento circumdata militibus nostris quoque prosunt.

[1]alcēs, is Elch [2]caper, caprī Ziegenbock [3]cornu, ūs *n* Horn [4]articulus Gelenk [5]ūrus Auerochse

1. Übersetze den lateinischen Text ins Deutsche.
2. Finde eine möglichst listige Methode, einen Elch zu fangen. Begründe deine Strategie mit den entsprechenden Informationen des Textes.
3. Betrachte die Abbildung und erkläre, wozu die cornua argento circumdata (Satz k) benutzt wurden.

Selbsttest zu den Lektionen 84–87

Bearbeite zunächst die Aufgaben. Vergleiche dann deine Antworten mit den Antworten im Lösungsteil.

1 Bilde die Adverbien zu den folgenden Adjektiven: 6 BE

a) beatus ....

b) ferox ....

c) firmus ....

d) acer ....

e) alius ....

f) bonus ....

2 Adverb oder Adjektiv? 4 BE

Streiche Falsches durch:

a) Marcus celerem/celeriter ad cenam properat.

b) In Italia beati/beate fuimus.

c) Sapiens/sapienter agit, qui leges naturae servat.

d) Dominus servos bonos/bene laudat.

3 Notiere die Stammformenreihen: 6 BE

a) afferre			
b) vendere			
c) subigere			
d) vexare			

4 Finde Synonyme (bedeutungsähnliche Wörter): 6 BE

a) recens ....

b) postulare ....

c) scelus ....

d) violare ....

e) accidere ....

f) fanum ....

5 Römische Küche 2 BE

Welche zwei Früchte konnten die Römer noch nicht genießen?

Kirschen, Pflaumen, Aprikosen, Mandeln, Weintrauben, Kürbis, Tomaten, Gurken, Spargel, Zwiebeln, Kartoffeln, Knoblauch, Dill, Petersilie, Senf

Textarbeit

Lies den folgenden Text genau durch und löse danach die Aufgaben unter dem Text:

Ad fluvium eundem lupus[1] et agnus[2] venerant, ut biberent. Subito lupus agnum placide bibentem reprehendit: „Dic mihi, cur fluvius aquam sordidam[3] ad locum meum afferat! Tune tuo sordido ore bibens res sordidas in fluvium intulisti?“ Agnus verba lupi timens dixit: „Quemadmodum id facere possum, lupe? A te fluvius aquam ad me defert. Aqua, quam ego bibo, sordida non est.“ Tum lupus: „Ante sex menses[4] res malas de me rettulisti.“ Agnus: „Equidem nondum natus[5] eram ante sex menses[4].“ Lupus: „Sed pater tuus …“ His verbis dictis lupus agnum corripuit et interfecit.

[1]lupus Wolf [2]agnus Lamm [3]sordidus schmutzig [4]mēnsis, is Monat [5]nātus geboren

1. Was sagt der Wolf zum Lamm? — 1 BE

- **a)** Es solle warten, bis er, der Mächtigere, getrunken hat.
- **b)** Es solle zu seinem Vater zurückkehren.
- **c)** Es habe das Wasser verschmutzt.

2. Wie sind Wolf und Lamm am Flusslauf platziert? — 1 BE

- **a)** Wolf oberhalb des Lammes
- **b)** Lamm oberhalb des Wolfes

3. Welche Tatsachen erfährt man über das Lamm? — 4 BE

- **a)** Es hat Angst vor dem Wolf.
- **b)** Es wird getötet.
- **c)** Es ist jünger als ein halbes Jahr.
- **d)** Es ist ein halbes Jahr alt.
- **e)** Es verschmutzt das Wasser im Fluss.
- **f)** Es ist mit der Wasserqualität zufrieden.

4. Übersetze den Ablativus absolutus mit Präpositionalausdruck: — 2 BE

Z. 6: His verbis dictis lupus agnum corripuit.

5. Übersetze das Participium coniunctum mit Präpositionalausdruck: — 2 BE

Z. 3: Agnus verba lupi timens dixit: …

6. Welche Lehre kann man aus der Fabel ziehen? — 3 BE

- **a)** Wenn man will, kann man in jedem etwas Böses finden.
- **b)** Der Schwache hat nie eine Chance.
- **c)** Der Wolf ist der Wächter über die Gewässer.
- **d)** Nicht immer helfen überzeugende Argumente.

7. Bringe folgende Fragsätze in die Abhängigkeit: — 3 BE

a) Lupus agnum rogat: „Num pater adhuc vivit?“

b) Lupus agnum rogat: „Cur aquam turbas?“

c) Agnus lupum rogat: „Quando aquam turbavi?“

BE	40–35	34–29	28–23	22–17	16–11	10–0
Bewertung	grandios	respektabel	ordentlich	durch-wachsen	schwach	misslungen

Bevor wir in den nächsten Lektionen unser Trainingslager in Griechenland aufschlagen, solltest du dich kurz mit den dortigen Gegebenheiten vertraut machen. Ab jetzt werden nämlich jeder Lektion genau drei Seiten gewidmet sein.

- Auf der ersten Seite einer Lektion kannst du jeweils den neuen **Wortschatz** der Lektion einüben und alten Wortschatz wiederholen.
- Auf der zweiten Seite kannst du dich ganz gezielt mit dem neuen **Grammatik**stoff auseinandersetzen.
- Auf der dritten Seite steht die **Textarbeit** im Mittelpunkt. Dort geht es darum, einen zusammenhängenden längeren Text zu erschließen, zu übersetzen und seinen Inhalt zu vertiefen.

Und jetzt geht's auf nach Griechenland!

An der Startlinie der Wettläufer (Balbis) im antiken Stadion von Olympia.

88 Wortschatz

Wortkundig 1

Die Suffixe (Nachsilben) -ia und -itia bezeichnen bei Substantiven eine Eigenschaft oder einen Zustand. Nenne jeweils das zugrunde liegende Adjektiv und übersetze dann das Substantiv.

a) sapientia **b)** miseria **c)** potentia **d)** tristitia **e)** stultitia **f)** saevitia **g)** malitia **h)** superbia

Wort-Quartett 2

Unter den folgenden Wortformen sind jeweils vier Adjektive, Adverbien, Pronomina und Substantive versteckt. Bilde aus ihnen Quartette, indem du sie in den Farben der passenden Spielkarten markierst.

immo – marito – honesto – istis – hodie – die – imprimis – fabulam – quondam – quodam – forte – cupidam – civis – acris – aliquo – ille

us ≠ us 3

Welche Substantive gehören zur u-Deklination? Markiere sie und übersetze sie dann mündlich.

motus – dominus – magistratus – casus – ventus – equus – metus – locus – vultus – gladius – cursus – senatus – iuventus – domus – portus – impetus – luctus – exercitus – vulnus – gemitus – vetus – conspectus – populus – manus – annus – servitus – cultus

Mutter Latein 4

a) Spanisch: Gib an, welches lateinische Wort sich in dem spanischen Verb *saber* versteckt. Übersetze dann die folgenden spanischen Verbformen:

sabemos – sabes – sabéis

b) Italienisch: Finde mit deinen (Latein-)Kenntnissen heraus, weswegen (ital. *di* ~ wegen) laut italienischer Verfassung niemand ausgegrenzt werden darf:

„Di opinioni politiche, di condizioni personali e sociali, di lingua, di religione, di razza (!).“

Sprachkundig 5

Übersetze und erkläre die folgenden Sprichwörter.

a) Aliquid semper haeret! (... sagte ein Mann warnend zu der Frau, die Gerüchte verbreitete.)

b) Amicus certus in re incerta cernitur! (... sagte ein Reicher, als er all seinen Besitz verloren hatte.)

6 Thales und seine Schüler

Nicht alle Schüler des Thales sind wissbegierig. Setze die Substantive in den richtigen Kasus und übersetze.

Nonnulli discipuli cupidi sunt …

a) aes ....

b) munera ....

c) somnus ....

d) equi ....

e) pecunia ....

7 -oris oder -eris?

a) Ordne die folgenden Substantive zunächst richtig zu Gruppen.
b) Lasse sie dann um die Sonne kreisen.

tempus – vulnus – pectus
genus – sidus – corpus
scelus – litus – facinus – munus

Beispiel: sidus → Dat. → Pl. → Nom. → Pl. → Abl. → Akk. → Sg. → Gen. →

8 Formsache

Bestimme die Formen nach KNG und unterstreiche jeweils das zugehörige Pronomen.

a) casum (aliquem / aliquorum / aliquam)
b) opinioni (aliquo / aliqui / alicui)
c) sideris (aliquae / aliquibus / alicuius)
d) cursus (aliqui / aliquas / aliquod)

9 Fall für Fall

Setze die Ausdrücke in der Klammer in den erforderlichen Kasus und übersetze dann.

a) Narrabant de (aliquod sidus). ....

b) Audiebatis (aliquae opiniones falsae). ....

c) Sciebat nomen (aliqui vir clarus). ....

10 Sprachkompetenz

Wähle aus den drei Übersetzungen für den folgenden Satz die richtige aus und zeige die Fehler der beiden anderen Übersetzungen auf.

Temporibus antiquis homines cursum nocturnum siderum spectabant et putabant omnia a deis creata esse.

a) In früheren Zeiten betrachteten die Menschen den Lauf der nächtlichen Sterne und meinten, dass die Götter alles erschaffen haben.
b) In alten Zeiten betrachteten die Menschen den nächtlichen Lauf der Sterne und glaubten, dass alles von den Göttern erschaffen worden sei.
c) In allen Zeiten betrachteten die Menschen nachts die Gestirne und glaubten, dass alle Götter diese erschaffen haben.

Kein Lehrer zum Anfassen

Philosophi[1] veteres quaerebant unam materiam[2], e qua omnia constarent. Unus ex iis, qui imprimis cupidus scientiae[3] erat, nomine Pythagoras, eam materiam numerum esse putabat.
Cum iuvenis apud sacerdotes in Aegypto[4] multa de cursu ac motu siderum didicisset, ipse magister clarus multorum iuvenum erat.
De spiritu[5] haec dicebat: „Si qui homo improbus est, spiritus eius post mortem in corpus alicuius animalis venit velut[6] equi aut tauri. Hoc audito Xenophanes philosophus ridens dixit: „Ille animalia numquam occidit timens, ne spiritus alicuius amici in eis habitet."
Idem, cum quondam ab aliquo rogatus esset: „Quis es?", respondit: „Philosophus." Discipuli autem clamabant, cum ille aliquid demonstraverat: „Ipse dixit!", quoniam nomine appellari vetuerat.
Non omnibus, sed delectis tantum hominibus eum cernere licebat; maximae autem parti populi latuit. Hoc homines adduxit, ut miram opinionem de eo haberent. Dicebant enim vultum eius gravem, corpus vestibus candidis[7] tectum, femur[8] aureum esse.

[1] philosophus Philosoph [2] māteria Urstoff
[3] scientia Wissen [4] Aegyptus *f* Ägypten
[5] spīritus, ūs *m* Seele [6] velut wie zum Beispiel
[7] candidus, a, um glänzend weiß
[8] femur, oris *n* Oberschenkel

Aufgabe 1
Markiere im lateinischen Text zunächst alle Pronomina.
Übersetze dann den Text.

Aufgabe 2
Die ersten Naturphilosophen hielten das Wasser, die Luft oder das Feuer für den Urstoff aller Dinge.

a) Was nennt Pythagoras als Urstoff?
b) Wodurch unterscheidet er sich damit von den anderen Philosophen?
c) Die Menschen erzählten seltsame Dinge über Pythagoras, z. B. dass er an drei verschiedenen Orten gleichzeitig gesehen wurde. Durch welches Verhalten förderte Pythagoras diese Legendenbildungen?

Denkmal für den Philosophen und Mathematiker Pythagoras von Samos. Errichtet wurde es 1988 auf der Hafenmole von Pythagorio auf der griechischen Insel Samos.

1 Gegensätze ziehen sich an!

Bilde aus den folgenden Adjektiven Gegensatzpaare.

brevis – minimus – crudelis – pauper – longus – divinus – turpis – facilis – stultus – humanus – felix – tristis – malus – maximus – honestus – sapiens – laetus – magnus – dives – difficilis – bonus – parvus – placidus – infelix

2 Wortkundig

Das Suffix (Die Nachsilbe) **-tio** / **-sio** bezeichnet eine Tätigkeit oder ein Ergebnis. Suche jeweils das zugrunde liegende Verbum und übersetze dann das Substantiv.

a) interrogatio ....
b) mutatio ....
c) liberatio ....
d) damnatio ....
e) exspectatio ....
f) desperatio ....
g) narratio ....
h) auctio ....
i) inventio ....
j) proditio ....
k) dimissio ....
l) defensio ....

3 Edle Metalle!

Nenne jeweils das den drei fett gedruckten Wörtern zugrunde liegende lateinische Wort und übersetze dieses. Die Antwort auf die Fragen ergibt sich dann fast von selbst.

a) **Aureus**: Woraus war diese römische Münze geprägt?

b) **Argentinien**: Was lockte die Seefahrer dorthin?

c) **Ferrovia**: Mit welchem Verkehrsmittel ist man damit in Italien unterwegs?

4 Mutter Latein

Fremdwörter: Dank deiner Lateinkenntnisse kannst du die Ratschläge deines Arztes befolgen. Benenne jeweils das zugrunde liegende lateinische Wort und übersetze dann die Fremdwörter.

„Mit diesem **Rezept** verordne ich dem Patienten das Medikament unter dem **Aspekt**, dass bereits die **minimale** Dosis eine **maximale** Wirkung erzielen kann. Doch Vorsicht: Ein Zuviel kann **fatale** Folgen haben."

....

....

....

Gut in Form! 5

Betrachte das Beispiel und bilde zu den folgenden Adjektiven jeweils den Komparativ und Superlativ. Übersetze dann die neu gebildeten Formen.

Beispiel: clarus → Komparativ: clarior → Superlativ: clarissimus

a) altus .... **b)** cupidus ....

c) sapiens .... **d)** brevis ....

e) tristis .... **f)** ingens ....

Besser in Form! 6

Bilde jeweils die entsprechende Form des Adjektivs im Komparativ und übersetze.

a) Cerno puellam (pulcher). .... **b)** Pareo regi (potens). ....

c) Timeo dominum (improbus). .... **d)** Vendo res (utilis). ....

e) Praesto officium (honestus). .... **f)** Accipio cibos (dulcis). ....

In Höchstform! 7

Betrachte das Beispiel und verwandle die Komparative mit quam in Superlative. Übersetze dann.
Beispiel: Solo sapientior est quam omnes. → Solo sapientissimus est.

a) Rex potentior est quam omnes alii. ....

b) Croesus divitior est quam omnes. ....

c) Puella felicior est quam amicae. ....

d) Hoc munus gravius est quam illud. ....

Irrläufer 8

Unterstreiche jeweils den Irrläufer und begründe deine Entscheidung.

a) istius – doctius – fortius – recentius

b) mercatores – saeviores – pulchriores – utiliores

c) longioris – felicioris – auctoris – asperioris

d) recentiorum – nuntiorum – clariorum – doctiorum

Die sieben Weisen 9

Die sogenannten Sieben Weisen waren Männer des praktischen Lebens. Hier einige Ratschläge von ihnen.

a) Audi libenter, dic minima! Da civibus consilium non dulcissimum, sed utilissimum!
b) Dic virum mortuum beatissimum! **c)** Nosce te ipsum (humanum, non divinum esse)!
d) Para tibi opes non iniuria! **e)** Praesta te dignum patre tuo! **f)** Errare humanum est.

10 Die Weisheit des Sokrates

Amicus quidam Socratis[1] quondam oraculum Delphicum[2] adiit et e deo Apolline hoc quaesivit: „Quis est sapientissimus omnium hominum?“ Pythia[3] autem sacerdos ei respondit: „Nemo sapientior est quam Socrates.“

Hoc fato recepto Socrates, cum putaret se non sapientiorem esse quam alios, secum cogitavit: „Certe scio Apollinem numquam falsa dicere. Quid ergo deus talibus verbis dicere vult?“ Itaque Socrates consilium cepit aliquem sapientiorem quaerere, ut deo demonstraret: „Ecce, hic sapientior est!“

Cum autem in foro circumiens[4] poetas aut viros alios, quorum scientia[5] clarissima erat, interrogabat, brevi tempore hoc intellexit: Illi viri, quos rogaverat, profecto sapientissimi[6] erant suarum artium; sed putantes se etiam omnium aliarum artium sapientissimos esse errabant.

Nunc demum Socrates verba dei comprehendit: „Sapientissimus sum, nam ego scio me nihil scire!“

[1]Sōcratēs, is *m* Sokrates [2]ōrāculum Delphicum das Orakel in Delphi [3]Pythia Pythia (die Priesterin des Gottes Apollon) [4]circumīre, circumeō, circumiī herumgehen [5]scientia Wissen [6]sapiēns *(m. Gen.)* weise *(in einer Sache)*

Aufgabe 1
Markiere alle Adjektivformen (Positiv, Komparativ, Superlativ) im Text. Übersetze dann den Text.

Aufgabe 2
Gib mit eigenen Worten kurz den Inhalt der Zeilen 1–3, 4–6, 7–9 und 10f. wieder.

Aufgabe 3
Sokrates wurde zum Tode verurteilt. Ein Anklagepunkt lautete: „Sokrates glaubt nicht an die Götter, an die die Stadt glaubt.“

a) Welche Stelle im Text entkräftet diesen Vorwurf?
b) Gib in kurzen Sätzen an, worin im Vergleich zu anderen die Weisheit des Sokrates besteht.

Sokrates (470–399 v. Chr.). Römische Marmorkopie eines griechischen Originals aus dem 4. Jh. v. Chr. Paris, Musée du Louvre.

90

Wortkundig 1

a) Nenne zu den folgenden Verben jeweils das zugehörige Substantiv bzw. Adjektiv und übersetze dann.

numerare – vulnerare – laborare – sperare – sonare – gravare – signare – finire – mollire

b) Das Suffix (Die Nachsilbe) -tudo drückt beim Substantiv einen Zustand aus. Nenne jeweils das zugrunde liegende Adjektiv. Dann kannst du die folgenden Substantive problemlos übersetzen.

pulchritudo – beatitudo – turpitudo – fortitudo – longitudo – magnitudo – altitudo – latitudo – mollitudo – multitudo

Endlich Post! 2

Vor lauter Aufregung haben sich lateinische Ausdrücke eingeschmuggelt. Übersetze diese und lies die Geschichte dann vor.

> Der Postbote salutem dixit mich heute imprimis fröhlich, denn er hatte epistulam für mich. Ich war neugierig, quis ihn denn composuerat und legi den Absender. Welch gaudium! Meine amica aus Britannia! Erat ihre prima epistula von dort und sollte mir solacio esse. Dies contigerat ihr mollibus verbis. Heute noch re-scribam!

Pluralwörter 3

Wie viele Wörter, die nur im Plural vorkommen, haben sich hier versteckt? Markiere und übersetze sie.

amicitiae – reliquiae – arma – monstra – cura – oppida – tenebrae – nuptiae – viae – pericula – aqua – castra – templa – insidiae – linguae – feminae – puellae – moenia

Mutter Latein 4

Suche Fremdwörter zu den folgenden Verben:

a) componere **b)** contingere **c)** comparare **d)** conficere **e)** concedere **f)** consistere **g)** consulere

Schmierfink? 5

In der Hoffung, dass Prima, die Dame seines Herzens, hier vorüberkommen wird, hat der verliebte Secundus an einer Hauswand in Pompeji die folgende Botschaft hinterlassen. Kannst du sie entziffern?

ubīque überall

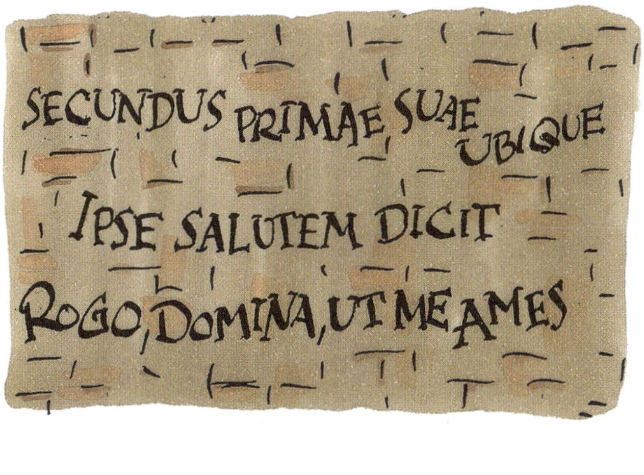

6

Wer suchet, der findet!

Wenn du die Dativformen unterstreichst und dann der Reihenfolge nach deren Anfangsbuchstaben liest, wirst du die Hauptpersonen einer Hochzeit finden.

casui – monui – opinioni – servi – nocti – iudici – initii – inii – usui – immo – gaudio – adeo – aio – exercitui – composui – solacio

Lösungswort: ▢▢▢▢▢▢▢▢

7

Ballspiel

A(ntonia) ist zuständig für den *Positiv*, B(eate) für den *Komparativ*, C(laudia) für den *Superlativ*. Es geht reihum und immer beginnt eine andere.

Beispiel: beata	A: beata	B: beatior	C: beatissima
a) miser	B: miserior	C:	A: ....
b) pulchra	C:	A:	B: ....
c) potens *m*	A:	B:	C: ....
d) felix *n*	B:	C:	A: ....
e) facilis *f*	C:	A:	B: ....

8

Umbauarbeiten

Verwandle jeweils den Ablativ des Vergleichs in eine Konstruktion mit quam.

a) Hae puellae pulchriores sunt aliis.

b) Hic vir fortior est illo.

c) Animus meus tristior est tuo.

d) Exilium nostrum gravius est vestro.

9

Hymne auf Sappho

Ein Verehrer Sapphos kommt ins Schwärmen. Bilde jeweils die entsprechende Superlativform und übersetze dann die Sätze.

a) Versus eius non solum dulces, sed .... sunt.

b) Ars eius non solum pulchra, sed .... est.

c) Vita eius non solum difficilis, sed .... erat.

d) Carmina eius non solum mollia, sed .... sunt.

e) Exilium eius non solum miserum, sed .... erat.

Sappho verabschiedet sich von einem ihr anvertrauten Mädchen

Puella carissima! Semper memoria annorum pulcherrimorum me maximo gaudio complebit. Quam celeriter omnia didicisti, quae te docui! Quam bene omnes artes perfecisti: capillos[1] longissimos ornare, voce clarissima cantare, sermones[2] dulcissimos habere. Saepe convenimus, ut opinionibus variis philosophorum (!) delectaremur; nos omnes enim cupidae eramus cognitionis[3], qualis orbis sit.

Nunc quia tu amicas carissimas relinquere et propter nuptias cum marito tuo patriam novam petere vis, ego animo tristissimo te dimittere debeo.

Audi, puella: Vita tua plena erit munerum difficiliorum; nam uxoris est liberos parere, alere, docere, domui consulere, coniugi comitem bonam esse in rebus secundis atque adversis. Felix autem eris, ut aio, si intellexeris amorem familiae maximum bonum esse. Nunc abis, sed hoc mihi solacio erit: Semper amicitia dulcissima iunctae[4] erimus, quamquam divisae[5] sumus.

[1]capillus Haar [2]sermō, ōnis *m* Gespräch [3]cognitiō, ōnis *f* Erkenntnis [4]iunctus, a, um verbunden [5]dīvīsus, a, um getrennt

Aufgabe 1
Markiere alle Verbformen (finite: grün / infinite: gelb) im Text. Übersetze ihn dann ins Deutsche.

Aufgabe 2
a) Nenne aus dem Text die drei Bereiche, die nach Sapphos Meinung für eine umfassende Ausbildung der Mädchen wichtig sind.
b) Ersetze die Superlativformen im Text durch die entsprechenden des Positivs. Wie ändert sich dadurch die Stimmung des Textes?

Aufgabe 3
„Divisi ma (aber) *sempre uniti."*
Suche für diesen italienischen Satz die lateinische Entsprechung im Übersetzungstext.

Aufgabe 4
Das griechische Vasenbild zeigt, wie der Vater der Braut und der Bräutigam das Eheabkommen durch Handschlag besiegeln. Was sagt dies über die Stellung der jungen Frau aus?

Die per Handschlag besiegelte Bürgschaft zwischen Brautvater und Bräutigam. Griechische Vasenmalerei. Um 425 v. Chr. Boston, Museum of Fine Arts.

1 Liebe und Zuneigung!

Bilde aus den folgenden Silben die entsprechenden lateinischen Wörter.

a – a – a – a – a – ca – ce – ci – cu – cu – cu – de – de – di – dus – fe – ig – lae – lae – lix – ma – mi – mor – nis – pe – pi – pi – pla – ra – re – re – re – re – re – rus – sen – si – ti – ti – ti – ti – tas – tus

a) Liebe **b)** Freude **c)** Leidenschaft **d)** Feuer **e)** Freundschaft **f)** lieben **g)** verlangen **h)** gefallen **i)** fühlen **j)** sich sehnen **k)** glücklich **l)** froh **m)** lieb **n)** begierig

2 Ganz genau

Jeder Buchstabe ist wichtig! Unterscheide und übersetze:

a) non – nos – nox – nex – vox – mox – mos – vos
b) rex – sex – sed
c) cum – dum – tum – tam – nam – quam

3 Wortwechsel

An den Gedichten des Poeten scheiden sich die Geister.
Setze ein und übersetze:
Is poeta clarus carmina [?] composuit.

a) obscura **b)** pessima **c)** minima **d)** meliora **e)** optima
f) pulcherrima **g)** difficillima **h)** maxima gloria digna

4 Doppelt gemoppelt

Suche jeweils eine treffende Übersetzung.
a) vitam vivere **b)** facinus facere **c)** servitutem servire **d)** victoriam vincere

5 Mutter Latein

a) Fremdwörter: Erkläre die folgenden Fremdwörter, indem du die ihnen zugrunde liegenden lateinischen Wörter angibst: Optimist – Pessimist – Minimalist – Majorität – Maximum – Minorität

b) Spanisch: Bilde zu jeder spanischen Form die entsprechende lateinische.
mayor – bueno – peor – menor – malo – mejor

c) Italienisch: Toll, dein Pullover aus Rom! Aber wie sollst du ihn waschen?
Nach einer kleinen Vorübung kannst du die Waschanleitung leicht entziffern.
melior – servare – consilium – lavare (!) – manus – cura
„Per una migliore conservazione: Si consiglia di lavarlo a mano con cura."

6 Sprachkundig

Am Sockel einer Statue findest du die folgende lückenhafte Inschrift. Ergänze sie und gib an, *wem* die Statue geweiht ist.

DEO OPT ▢ ▢ ▢ MAX ▢ ▢ ▢

Formsache! 7

Bilde jeweils die entsprechende Form von **esse** bzw. **ire**.

a) eunt	**e)** fuisti	**i)** fuisses ....
b) erant	**f)** erimus	**j)** ibimus ....
c) essem	**g)** eat	**k)** ibam ....
d) eo	**h)** iero	**l)** est ....

Täuschungsmanöver 8

Lass dich nicht täuschen! Einige Formen sind keine Steigerungsformen! Ordne sie den entsprechenden Masken zu.

clamoris – clarioris – auctor – capior – librorum – tristiori – maiorum – auxiliorum – pauperiore – mercatore – sapientiores – moveor – peiorum – laudor – melior

Ab in den Komparativ! 9

a) **bono** auctori	**b)** **optimo** auctore ....
c) **parvi** honoris	**d)** **minimi** honores ....
e) **magna** gens	**f)** **maxima** gaudia ....

Alles super! 10

Ersetze jeweils das Indefinitpronomen durch das angegebene Adjektiv im Superlativ und übersetze:

a) Aliquem .... poetam video. (**clarus**)

b) Aliqua .... crimina damno. (**magnus**)

c) Aliqui .... scelerati veniunt. (**malus**)

d) Alicuius .... testis verba audio. (**diligens**)

e) Alicui .... viro pareo. (**potens**)

f) Aliqua .... lege gaudeo. (**bonus**)

g) Aliqua .... animalia timeo. (**parvus**)

11 Eine wundersame Rettung

Arion (Arīōn, onis *m*) war ein berühmter Sänger von der griechischen Insel Lesbos. Er hatte lange Zeit am Hof des Periander, des Tyrannen von Korinth, verbracht, bevor er sich entschloss Italien zu besuchen:

Arion in Italiam iter facere decrevit, ut alicui certamini[1] poetarum optimorum interesset[2]. Postquam ibi plurimis poetis praestitit atque maximam gloriam sibi paravit, in patriam nave redire voluit. Nautae[3] cum vidissent Arionem divitiorem esse cupiditate opum impulsi consilium ceperunt eum in mari alto sine testibus interficere. Poeta miserrimus autem cognoscens se sceleratis resistere non posse, eos obsecravit: „Mihi concedite ante necem ultimum[4] carmen cantare!“ Id viri ei concesserunt, sed Arione cantante protinus complures delphini (!) adfuerunt.

Tum Arion in mare se praecipitat[5] et in tergo maioris delphini considens inviolatus[6] ad oram Corinthi portatur.

Wenig später kommen auch die Seeleute dort an.

Periandrus tyrannus ex eis quaesivit, utrum una cum Arione in nave fuissent an non. His negantibus ille ira vehementissima commotus eos morte pessimo vindicavit.

[1]certāmen, minis *n* Wettbewerb [2]interesse *m. Dat.* teilnehmen an [3]nauta, ae *m* Seemann
[4]ultimus, a, um der letzte [5]sē praecipitāre sich hinabstürzen [6]inviolātus, a, um unverletzt

Aufgabe 1
Markiere alle Pronomina im lateinischen Text und übersetze ihn dann ins Deutsche.

Aufgabe 2
a) Beschreibe die im Text ab Z. 3 vorliegende Stimmung mit entsprechenden Textbelegen.

b) In Z. 7–8 stehen die Prädikate im Präsens. Was bezweckt der Autor damit?

c) „... morte pessimo vindicavit“ (Z. 10) Welche Stellung muss Arion bei Periander gehabt haben, wenn dieser zu einer solchen Maßnahme griff?

Aufgabe 3
Apollon versetzte Arion und den Delphin unter die Sternbilder. Welche Personengruppe hatte wohl eine besondere Beziehung zu diesen Sternbildern?

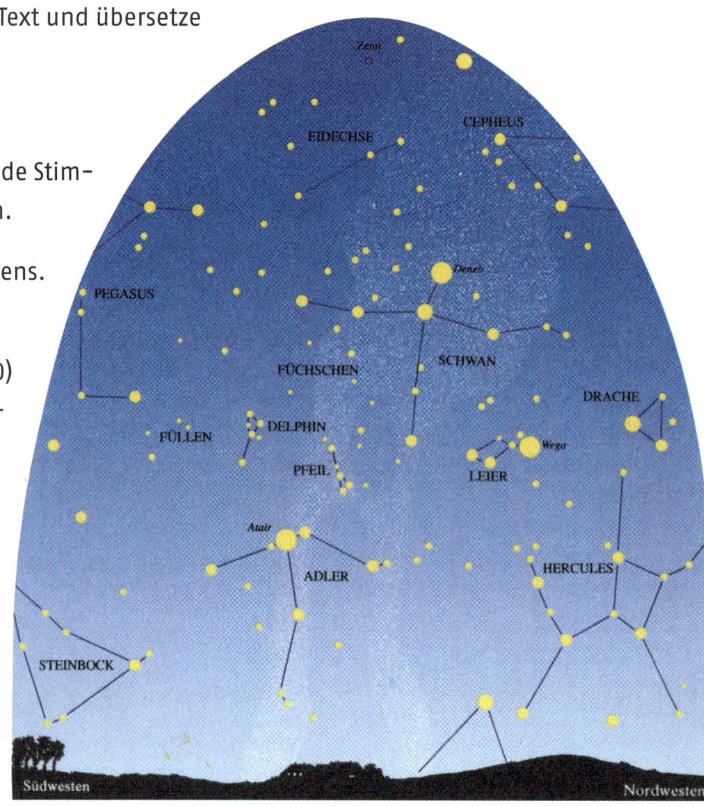

Der westliche Sternenhimmel im November.

92

Wortkundig 1

Das Suffix (die Nachsilbe) -tas bedeutet, an den Stamm von Adjektiven angehängt, eine Eigenschaft oder einen Zustand. Nenne jeweils das zugrunde liegende Adjektiv und übersetze dann das Substantiv.

a) felicitas **b)** brevitas **c)** paupertas **d)** veritas **e)** humanitas **f)** dignitas **g)** gravitas **h)** novitas
i) crudelitas **j)** utilitas **k)** vetustas

Mutter Latein 2

a) Spanisch: Die Lebensbedingungen am Titicacasee in Südamerika werden im folgenden Satz als sehr hart und die Bevölkerung als sehr arm beschrieben. Finde zu den gekennzeichneten Wörtern die entsprechenden lateinischen Wörter. Hilfe: *pobre* → e. poor / *muy* → e. *much*.

Las condiciones de vida son muy duras y la gente muy pobre.

b) Italienisch: Übersetze das folgende italienische Sprichwort.
Du kennst es auch auf Deutsch.
Chi (qui) *dorme* (dormire schlafen), *non pecca*.

c) Botanik: Versuche zu erklären, warum man das Große Springkraut oder Waldspringkraut (wissenschaftlicher Name: *Impatiens noli tangere*) auch *Rührmichnichtan* genannt hat.

Nomen est omen. 3

Erkläre, was die folgenden Papstnamen über das Selbstverständnis des jeweiligen Amtsträgers mitteilen wollen:

a) Pius **b)** Honorius **c)** Benedictus **d)** Coelestin → Caelestin **e)** Adeodatus

Sprachkundig 4

a) Was bedeutet der Ausdruck nolens volens?

b) Übersetze und erkläre den folgenden Ausspruch des syrakusanischen Mathematikers und Physikers Archimedes. Als dieser mitten im Kampfgetümmel geometrische Kreise (circulus) in den Sand zeichnete und ein römischer Soldat an ihn herantrat, soll er gerufen haben:

„Noli turbare circulos meos!"

Bronzeplastik des Archimedes vor einem Würzburger Studentenwohnheim.

5 Verwechslungsgefahr!

Ordne die Verbformen richtig in die Schubladen ein. Welche Formen musst du doppelt einordnen?

a) vult **b)** volat **c)** velit **d)** volebam **e)** voluisti
f) vellem **g)** voles **h)** vis **i)** volabunt **j)** voluerim
k) volaveram **l)** volueram **m)** volam **n)** volunt
o) volant **p)** volabat **q)** volumus **r)** volo

6 Formenstaffel „nolle"

a) 3. Pers. Pl. Ind. Präs. → Konj. Präs. → Ind. Impf. → Konj. Impf. → Fut. I
b) 1. Pers. Sg. Ind. Perf. → Konj. Perf. → Ind. Plusqpf. → Konj. Plusqpf. → Fut. II
c) 2. Pers. Pl. Ind. Präs. → Konj. Präs. → Konj. Impf. → Konj. Perf. → Konj. Plusqpf.

7 Ach *ne*!

Kreon will seinen Willen durchsetzen, Antigone muss ihren Weg gehen. Achte auf die Übersetzung von ne.

a) Creon rex Antigonam prohibet (retinet / impedit), **ne** fratrem terra tegat.
b) Creon: „**Ne** fratrem terra texeris!"
c) Antigona autem cavet (resistit / vitat), **ne** contra leges deorum agat.
d) Antigona: „**Ne** hostes quidem religionem neglegunt. **Ne** impius fueris!"

8 Typisch Mutter!

Anna und Barbara wollen einkaufen gehen. Verwandle alle mit **noli** bzw. **nolite** formulierten Ermahnungen ihrer Mutter jeweils in einen Prohibitiv und übersetze.

a) „Noli, Barbara, emere cibos dulciores!

....

b) Noli, Anna, consistere apud amicam tuam!

....

c) Nolite, filiae, abire de via!

....

d) Nolite, filiae, verba facere cum ignotis hominibus!

....

e) Cavete canem, filiae!"

....

Die Pfeile des Philoktet

Auf dem Feldzug gegen Troja wird im Lager der Griechen Philoktet (Philoctētēs, ae *m*), der beste Bogenschütze des Heeres, von einer Schlange gebissen. Weil die eiternde Wunde aber bald schon einen unerträglichen Gestank verbreitet, wird Philoktet auf Anraten des Odysseus (Ulixēs, is *m*) heimtückisch auf der einsamen Insel Lemnos ausgesetzt.

Graeci cum contra Troianos novem annos vehementer pugnarent, Philoctetes doloribus gravissimis tortus in insula vitam agebat. Decimo anno autem Graeci coacti sunt illum virum miserum reducere, cum oraculum (!) dixisset Troiam deleri non posse nisi sagittis[1] Philoctetae!

Sic Ulixes callidissimus[2] et Neoptolemus[3] delecti sunt, ut arma Philoctetae referrent. Postquam ad litus insulae pervenerunt, primo Neoptolemus ad virum adibat dicens se eum in patriam referre velle. Philoctetes beatissimus erat et huic fidem habebat. Itaque Neoptolemus, cum pius et iustus esset, sentiebat se peccavisse et viro consilium Ulixis aperuit.

Consilio Ulixis cognito Philoctetes de salute desperans clamavit: „Di immortales, vos testes appello huius consilii nefarii. Nolite sinere Ulixem, qui mihi hanc vitam duram imposuit, sagittas meas rapere victoriae causa! Nisi ille tam crudeli animo fuisset, Troia iam capta esset!"

Schließlich lässt sich Philoktet doch noch umstimmen. Denn Herakles, der bei seinem Tod dem Philoktet seine mit Gift getränkten und unfehlbaren Pfeile geschenkt hatte, erscheint ihm als Gott und kann ihn zur Fahrt nach Troja bewegen. Dort wird er geheilt – und Troja fällt.

[1]sagitta Pfeil [2]callidus, a, um schlau, verschlagen [3]Neoptolemus Neoptolemos (Sohn des Achill)

Aufgabe 1
Markiere alle Konjunktive im Text und erkläre ihren Gebrauch. Übersetze den Text dann ins Deutsche.

Aufgabe 2
Charakterisiere Odysseus, Neoptolemos und Philoktet anhand des Textes.

Aufgabe 3
a) Wofür ist Odysseus im Zusammenhang mit der Eroberung Trojas bekannt?
b) Erzähle mithilfe der folgenden Namen die Ereignisse des zehnten Kriegsjahres des Trojanischen Krieges nach: Paris, Helena, Menelaos, Priamos, Agamemnon, Achill, Hektor, Laokoon, Odysseus.

Der verwundete Philoktet im gleichnamigen Theaterstück von Heiner Müller. Berliner Ensemble 1999/2000.

93 Wortschatz

1 Wortkundig

Die Suffixe -ilis und -bilis bezeichnen gewöhnlich eine Fähigkeit oder Tauglichkeit. Im Englischen findest du dafür das Suffix **-ble**. Gib jeweils das lateinische Ursprungswort an und übersetze dann die Adjektive:

a) portable **b)** incredible **c)** terrible **d)** impossible **e)** acceptable **f)** invincible

2 re- ≠ re-

Die Vorsilbe re- kann bei Verben die Bedeutung *zurück-* oder *wieder-* haben. Erschließe die Bedeutungen der folgenden Verben:

a) repellere – recipere – remanere – referre – retinere – restituere – reducere

b) recedere – removere – recurrere – reparare – revocare – retrahere – remittere – reportare

3 Repetitio est mater studiorum.

Wiederhole die Bedeutungen der folgenden Präpositionen. Sortiere sie dann in die Körbe ein.

1 ab **2** post **3** per **4** in **5** sine **6** ad **7** inter **8** sub **9** cum **10** ex **11** ante **12** circum **13** propter **14** extra **15** de **16** trans **17** pro **18** contra

4 Aufregung im Theater!

Erkläre die folgenden Fremdwörter, indem du jeweils das lateinische Ursprungswort angibst (z. B. lädiert: laedere → verletzt)

Das **Auditorium** hielt die Luft an. Trotz seiner **Adoleszenz** beeindruckte der Künstler durch ein furioses **Solo** und ließ sich nicht aus dem Takt bringen, obwohl in der ersten Reihe der **Kommissar** saß und neben ihm ein berühmter **Jurist** – beide mit finsterem Gesicht. Ein Mord war verübt worden. Der **Kustos** hatte bereits alle Ausgänge verschlossen und in einem langen **Sermon** bat der Direktor die Besucher anschließend, im Theater zu bleiben. Die italienische Diva hauchte nur noch **„incredibile"** und fiel in Ohnmacht. Der Mörder wurde schnell überführt: Es war der **Komponist**. Sein **Motiv** blieb leider **obskur**.

5 Im Gegenteil!

Übersetze die folgenden Wörter mündlich und bilde dann Gegensatzpaare:

A poena **B** custodia **C** adulescens **D** ferus **E** ingens **F** claudere **G** ambo **H** inferi **I** durus **J** sermo **K** patrius **L** obscurus **M** gaudium

1 silentium **2** parvus **3** clarus **4** luctus **5** superi **6** alienus **7** solus **8** aperire **9** senex **10** praemium **11** mollis **12** placidus **13** libertas

Ergänze die fehlenden Formen! 6

	Konj. Präs.	Konj. Impf.	Konj. Perf.	Konj. Plusqpf.
a)			ierint	
b)				dedisses
c)		essem		
d)	debeat			

Formenbau 7

Bilde Konjunktivformen, indem du jeweils nur *einen* Buchstaben *änderst* oder *hinzufügst*.

a) laudas **b)** auditis **c)** commiseras **d)** nolle **e)** pudet **f)** attingis **g)** iunxisse **h)** iunges **i)** constant **j)** recipere **k)** eunt **l)** regit **m)** imposuerunt

Hoffnungsvoll 8

Ismene hofft noch auf einen guten Ausgang im Streit zwischen ihrer Schwester Antigone und Kreon. Bilde das Prädikat in der angegebenen Form und übersetze dann die Sätze.

a) Creon iniuriam ....! (cavere, Jussiv)
b) Dei sententiam duram regis ....! (vertere, Jussiv)
c) .... de salute ....! (desperare, Prohibitiv / Sg.)
d) Res futuras laetas ....! (sperare, Hortativ)

Zuversichtlich 9

Haimon, der Sohn des Kreon, macht Antigone Mut. Übersetze.

a) Amor nos semper iungat!
b) Ne pater tibi hanc poenam incredibilem imponat!
c) Mox nuptias statuamus!
d) Vivamus atque amemus!

Abrakadabra 10

Übersetze die folgenden Zaubersprüche mit dem Pronomen *sich*.

a) Porta aperiatur!
b) Fenestrae claudantur!
c) Canis in equum mutetur!
d) Mensa ornetur!
e) Aedes moveantur!

11 Krieg und Frieden

Die folgende Geschichte erzählte ein berühmter Komödiendichter vor zweieinhalbtausend Jahren. Er lebte in Athen und hieß Aristophanes. Damals – Ende des 5. Jh.s v. Chr. – tobte in Griechendland der Peloponnesische Krieg – und die Menschen sehnten sich nach Frieden. Doch wer sollte den Menschen den Frieden zurückbringen? Die Götter vielleicht?

Ein Schauspieler sitzt auf einem riesigen Mistkäfer und wird von einem Bühnenkran „in den Himmel" gehoben. Modell, das einer Szene aus dem „Frieden" des Aristophanes nachempfunden ist. München, Deutsches Theatermuseum.

Mars, deus ferus, Eirenam[1], deam pacis, rapuerat et in custodia obscura condiderat. Cum autem omnes homines Eirenam desiderarent, Trygaius[2], vir de plebe, consilium incredibile cepit: Scarabaeo[3] cuidam maiorem copiam fimi equini[4] dedit; ita effecit, ut scarabaeus brevi tempore in maximum animal mutaretur. Tum Trygaius in tergo animalis sedens ad caelum volavit, ut auxilium a deis peteret.

Ibi autem Mercurius ei haec nuntiavit: „Noli auxilium petere a deis! Cum mortales pacem servare non possint, auxilio indigni sunt; itaque dei ira vehementissima commoti abierunt. Pudeat vos! Pudeat homines belli! Homines ipsi Eirenam liberent!"

Trygaius postquam in terram re-volavit, omnes cives excitavit: „Concordia iuncti bellum civile[5] conficiamus! Eirenam quaeramus et eam e custodia liberemus!"

Eirena inventa omnes gaudebant; at dea eos monuit: „Ne arma, sed alias res ad vitam placidam necessarias emeritis!"

Hodie quoque haec fabula animos nostros attingat!

[1]Eirēna Eirene (die Göttin des Friedens) [2]Trygaius Trygaios (ein athenischer Bürger) [3]scarabaeus Käfer [4]fimus equīnus Pferdemist [5]cīvīlis, e bürgerlich, Bürger-

Aufgabe 1
Markiere alle Konjunktive im Text (grün: im Hauptsatz; blau: im Gliedsatz).
Übersetze den Text dann ins Deutsche.

Aufgabe 2
Aristophanes schreibt mitten im Peloponnesischen Krieg eine Komödie.
a) Welche Stellen im Text tragen ganz deutlich die Züge einer Komödie?
b) Welche ernste Botschaft will Aristophanes seinen Mitbürgern trotz aller Komik vermitteln?
c) Mit welchen sprachlichen Mitteln unterstreichen Trygaios und Eirene ihre Appelle?

94

Wortkundig 1

Bilde zu den folgenden Verben jeweils das PPP und nenne dann ein dir bekanntes lateinisches Substantiv, das vom PPP gebildet ist. Übersetze dieses abschließend mündlich.

a) tegere **b)** vincere **c)** augere **d)** capere **e)** colere **f)** conspicere **g)** movere **h)** statuere

Sachfeld „Freude und Leid" 2

Ordne die folgenden Wörter den Sachfeldern „Freude" und „Leid" zu, indem du alle Wörter, die zum Sachfeld „Freude" gehören gelb, alle Wörter, die zum Sachfeld „Leid" gehören, blau unterstreichst.

acerbus – amicitia – atrox – beatus – bellum – caedere – canere – clades – commodum – cruciatus – custodia – damnare – delectare – delere – dolor – dolus – donum – fallere – felix – ferrum – flere – flos – fraus – gaudere – gemitus – iniuria – lacrima – laedere – laetitia – metus – miseria – mors – nex – nuptiae – opprimere – pax – solacium – timor

Der kleine Unterschied! 3

Betrachte die folgenden Wortformen genau und übersetze sie dann.

a) cena – cella – cela – celer **b)** aer – aes – aestas – aestimas **c)** omnia – omina – omnino – omitto **d)** sol – solum – solus – sonus – somnus

Sprachkundig 4

Ordne die folgenden Wortformen in die entsprechenden Spalten ein und übersetze sie mündlich.

a) balinea **b)** columna **c)** cubicula **d)** destina **e)** fana **f)** fulmina **g)** incola **h)** invita **i)** miseria **j)** modestia **k)** navigia **l)** observa **m)** obsta **n)** pericula **o)** recusa **p)** sacrificia **q)** subsidia **r)** vigila

Nom. oder Abl. Sg. *f*	Nom. oder Akk. Pl. *n*	Imp. Sg.

Sprachgewandt 5

„Nomen est omen!", rief ein Patient, als er dieses Schild sah, und fügte sich in sein Schicksal ... Übersetze das Sprichwort und erkläre, was der Patient damit meinte.

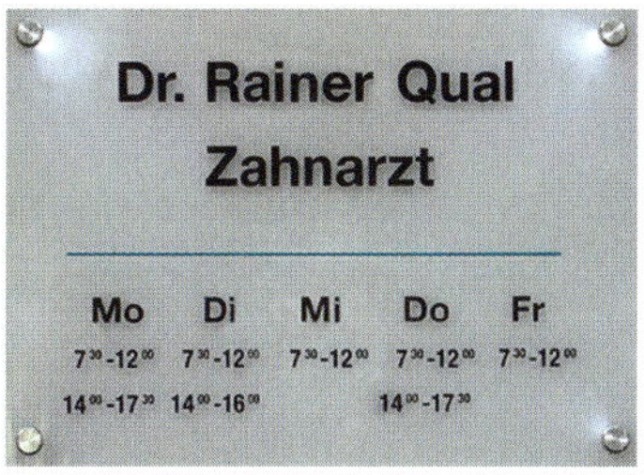

6 Absolut passiv

Bilde zu den aktiven Formen jeweils die entsprechenden passiven und übersetze diese mündlich.

a) celant		**f)** contemneremus	
b) admones		**g)** custodiat	
c) vexare		**h)** transportavissem	
d) vulneravistis		**i)** invitabis	
e) subiges		**j)** observaverunt	

7 Formvollendet

Gib an, von welchem Verb der Konjunktiv Plusquamperfekt jeweils gebildet wurde. Nenne dann die Stammformen. Beispiel: laudavissem: laudare, laudo, laudavi, laudatum loben

a) perdidissem **b)** fecissem **c)** relicta essem **d)** suasissem **e)** subiectus essem **f)** inclusissem **g)** contempta essem **h)** distribuissem **i)** invasissem

8 Welch ein Drama!

Bilde die jeweils verlangte Form des angegebenen Verbs und übersetze. Als Vorübung hilft dir dabei die Übung 94 Vb in deinem Lateinbuch.

a) Fabulam Antigonae .... (**narrare**, Hortativ)! **b)** Creon rex Antigonam prohibuit, ne fratrem terra .... (**condere**, Konj. Impf.). **c)** Ismena soror Antigonam obsecravit, ne hoc .... (**facere**, Konj. Impf.). **d)** Antigona: „Creon rex haec ne .... (**iubere**, Jussiv)!" **e)** Nisi Antigona fratrem terra .... (**tegere**, Irrealis der Vergangenheit: Akt.), a Creonte .... non .... (**punire**, Irrealis der Vergangenheit: Pass.). **f)** Tiresias vates: „Cave, rex, ne puellam morte .... (**punire**, Konj. Präs.)!" **g)** Vates cum regem .... (**admonere**, Konj. Plusqpf.), rex tamen severum se ostendit.

9 Sprachkundig

Wähle jeweils die passende Form des Verbs aus.
Begründe deine Entscheidung und übersetze.

a) Timeo, ne quid (**celes** – **celas** – **celaveras**).
b) Deos obsecravi, ut miseriam (**finient** – **finirent** – **finiunt**).
c) Nescio, cur rex (**furit** – **furet** – **furat**).

Die Rache der Medea

Der griechische Held Iason ist nach Kolchis gereist, um das Goldene Vlies – ein magisches Widderfell – zu holen. Medea, die Tochter des Königs von Kolchis, verliebt sich in Iason und hilft ihm mit ihren Zauberkünsten, das Goldene Vlies zu stehlen. Iason nimmt sie deshalb mit in seine Heimat Iolkos, wo sie ihm zwei Söhne schenkt. Als ihm der dortige König die Hand seiner Tochter und damit den Thron anbietet, kann er nicht widerstehen und will sich von Medea trennen. Zutiefst getroffen sinnt diese auf Rache:

„Infandus dolor me torquet. Quamquam iste numquam pellem[1] auream rapuisset, numquam patrem meum fefellisset, numquam in patriam vivus redisset, nisi ego arte mea adfuissem, nunc mihi, matri liberorum suorum, filiam regis praefert et me domo expellere in animo habet.

At nuptiis istius obstabo! Istam fraudem foedissimam ne impune committat! Cognoscat iste iram feminae laesae! Doloribus atrocissimis laboret! Nam consilium cepi istos impios perdere. Pereant ambo! Di immortales, ne me damnaveritis! Amore commota haec facinora faciam. Nam sine coniuge, sine liberis vitam beatam agere eo loco non potero, quo semper aliena et a multis contempta eram.

Clam igitur vesti venenum[2] infundam. Filii mei hanc vestem formosae filiae regis donabunt. Illa primo dono gaudebit, mox autem cruciatu crudelissimo vexata peribit. Hoc autem modo Iasoni immanissimos afferam dolores. Priusquam curru[3] per aerem fuga salutem peto, istius filios carissimos occidam."

[1]pellis, is *f* Tierfell, *hier:* das Goldene Vlies [2]venēnum Gift [3]currus, ūs *m* Wagen

Medea packt ihren eigenen Sohn, um ihn am Altar zu opfern. Ein junger Mann führt den zweiten Sohn herbei. Apulische Vasenmalerei. Um 330 v. Chr. München, Antikensammlung.

Aufgabe 1

Markiere alle Jussive und erkläre, was der Satzbau in den drei Absätzen über die Stimmung Medeas verrät. Übersetze den Text dann ins Deutsche.

Aufgabe 2

a) Markiere alle Superlative in Verbindung mit den zugehörigen Substantiven und bemühe dich um eine ausdrucksstarke Übersetzung.

b) Welches Pronomen verwendet Medea, um Iason zu bezeichnen? Was will sie damit zum Ausdruck bringen?

c) Erkläre mit eigenen Worten, was Medea mit dem letzten Satz des zweiten Absatzes meint.

Selbsttest zu den Lektionen 88–94

Bearbeite zunächst die Aufgaben. Vergleiche dann deine Antworten mit den Antworten im Lösungsheft. Dort findest du auch, wie viele Punkte du für jede richtige Antwort erhältst. Zähle die Punkte, die du für deine richtigen Antworten erhalten hast, zusammen und ermittle danach mit der Bewertungstabelle am Ende des Selbsttestes, wie deine Leistung zu bewerten ist.

1 Quintus allein zu Haus! 7 BE

Seltsame Geräusche erschrecken Quintus. Um sich Mut zu machen, spricht er mit sich selbst.
Setze die passende Form von aliqui ein und übersetze die Sätze dann mündlich.
aliqui – aliqui – aliquem – aliquod – aliquo – aliquos – aliquas

a) „.. sono perterritus sum.
b) Sentio .... hominem alienum in domo esse.
c) Estne .... animal?
d) Nonne .... fur est?
e) Certe .... res caras quaerit.
f) Etsi .... scelerati adsunt, istos fortiter repellam.

Da fällt eine Schale polternd zu Boden und Quintus sieht gerade noch eine kleine Maus davonflitzen.

g) Deo gratias! Ille fur .... cibos tantum ‚rapere' voluit!"

2 Konjunktive 4 BE

Unterstreiche alle Konjunktivformen und bestimme sie.

caveas – statuere – peccaverim – noluissem – iungeret – commiserunt – moneat – laudat – perficies – contigisse – compararem – recepissent – constat – sapiat

3 Komparativ und Superlativ 6 BE

Bestimme die Komparativformen nach KNG und ordne ihnen die passenden Superlativformen zu.

A divit-iore	**B** pauper-iores	**C** felic-ioris	**D** trist-ius	**E** facil-ioribus	**F** miser-iorum
1 -rimi	**2** -issimo	**3** -limis	**4** -rimorum	**5** -issimum	**6** -issimae

4 Supercool! 7 BE

Wähle sieben Begriffe aus und bilde zum entsprechenden Adjektiv jeweils den lateinischen Superlativ:

a) todsicher **b)** fuchsteufelswild **c)** klitzeklein **d)** zuckersüß **e)** pechschwarz **f)** steinreich **g)** strohdumm **h)** hochheilig **i)** tieftraurig **j)** brandneu **k)** uralt **l)** riesengroß **m)** kinderleicht

saevus – dulcis – niger – dives – antiquus – certus – parvus – magnus – facilis – sanctus – novus – stultus – tristis

Fehlersuche

6 BE **5**

In der deutschen Übersetzung finden sich drei Fehler. Unterstreiche und verbessere sie:

Socrates sapientissimus appellatus est et in foro alium sapientiorem quaerebat.

(Sokrates wurde von einem anderen weise genannt und suchte auf dem Forum den Weisesten.)

Prohibitiv

2 BE **6**

Bilde die Prohibitivformen mit nolle.

a) Ne fefelleris!

b) Ne rettuleritis!

Sachkundig

8 BE **7**

Übersetze jeweils den lateinischen Satz und ergänze dann die zwei zutreffenden Namen.

1 Krösus **2** Haimon **3** Ibykus **4** Polyneikes **5** Pythagoras **6** Biton **7** Eteokles **8** Kraniche
9 Sphinx **10** Alkaios **11** Solon **12** Antigone **13** Ödipus **14** Kleobis **15** Sappho **16** Thales

a) Fratres erant, sed etiam hostes.

b) Carmina clara conscribebant.

c) Hic opes maximas illius non laudavit.

d) Amore iuncti erant.

e) Ille aenigma (aenigma *n* Rätsel) eius solvit.

f) Ambo matri aderant.

g) Illi viri materiam (Urstoff) quaesiverunt.

h) Ii necem illius nuntiabant.

BE	40–35	34–29	28–23	22–17	16–11	10–0
Leistungs-stand	sehr gut	gut	befriedigend	ausreichend	mangelhaft	ungenügend

1 Wortkundig

Erschließe die Bedeutung der folgenden Wörter und finde eine treffende Übersetzung. Die Kenntnis der neuen Vokabeln wird dir dabei helfen.

a) levitās, ātis *f* **b)** levāre, levō **c)** optābilis, e **d)** vitiōsus, a, um **e)** incorruptus, a, um

2 Witte nicht verbechseln!

a) more maiorum ⟷ sine mora **b)** voluptas ⟷ voluntas **c)** deligere ⟷ diligere

3 Ganz genau

Jeder Buchstabe ist wichtig! Unterscheide und bestimme die folgenden Formen. Die Zahl in der Klammer gibt dir die Anzahl der verschiedenen Möglichkeiten an:

a) operis – opis – oris (3) – orbis (2)

b) vis (2) – viis (2) – viris (2) – vicis (2) – vitiis (2) – virginis

4 Echt Cato!

Vervollständige den Text mit den folgenden Wörtern.

abeant – corrupit – corrupti – didicisse – diligis – legunt – more – perturbant – philosophos – relinquant – viverent – voluptates

a) Cato: „Tota urbe .... Graecos video, qui orationes leves habent et mentes civium ....

b) Romani potius libros Graecos .... quam ut laborent.

c) .... Graecorum vivunt ac bibunt.

d) Vitiis Graecorum .... sunt.

e) Velim isti philosophi .... et Romam ....!“

f) Flamininus: „Te ipsum cultus Graecorum .... nam opera Graeca ....

g) Etiam scio te linguam Graecam ....“

h) Cato: „Alii .... Graecorum amant, sed ego virtutes eorum colo.

i) Utinam cuncti Romani meo more ....! Vale!“

Wunschkonzert

5

Die folgenden Gestalten hast du in deinem Lateinbuch bereits kennengelernt:

a) Haemon **b)** Tiresias **c)** Antigona **d)** Sappho **e)** Cato
f) Ibycus **g)** Oedipus **h)** Thales **i)** Croesus **j)** Creon

Übersetze die folgenden Wünsche und ordne sie den Namen zu, indem du den jeweiligen Buchstaben neben die Sprechblase schreibst. Bestimme dann die Art der Wünsche.

Alles Gute!

6

a) Di omnia bona tibi dent! **b)** Hoc di bene vertant! **c)** Deus det! **d)** Pax (sit) vobiscum!

7 Cato der Ältere – ein Mann mit vielen Gesichtern

Der ältere Cato gab sich viel Mühe bei der Erziehung seines Sohnes:

Cato non solum senator asper et potens, sed etiam pater bonus fuit: Cum uxor ei filium peperisset, matri puerum curanti semper aderat. Ubi primum puer crevit, pater ipse eum docuit, cum servum Graecum diligentem haberet. Timuit enim, ne filius vitiis voluptatibusque Graecorum levium perturbaretur, si a servo doceretur; itaque ipse magnis litteris res gestas virorum Romanorum clarorum in tabulas scripsit, ut filio in domo patris virtutes maiorum ante oculos positae essent. Epistula Catonis patris ad filium scripta tradita est, in qua Cato – odio in Graecos motus – haec dicit:

„Mi fili[1], velim litteras nostras discas! Si enim libros Graecos legeris, facile corrumperis et more Graecorum voluptatem vitiaque diliges. At haec scias: Graeci barbaros omnes medicina[2] necare volunt. Nos quoque barbaros dicunt! Opto igitur, ut Graecos et opera eorum caveas! Vale!“

[1]mī filī: *Vok.* zu meus filius [2]medicīna: *vgl. Fw.*

Aufgabe 1

Markiere zunächst die beiden Optative und übersetze dann den Text.

Aufgabe 2

a) „Longum iter est per praecepta (Belehrung), breve et efficax (wirksam) per exempla (Vorbilder).“ Inwiefern beherzigt bereits Catos Vater in seiner Erziehung diesen Grundsatz des Philosophen Seneca (4 v. Chr.–65 n. Chr.)?

b) Bestimme den Gliedsatz, der von timuit enim (Z. 3) abhängig ist. Welche weiteren Ausdrücke des Fürchtens kennst du, nach denen ne mit *dass* ins Deutsche übersetzt wird?

Aufgabe 3

Trotz der Vorbehalte, die Cato seinem Sohn gegenüber äußert, hat er selbst Griechisch gelernt. Was könnte der Grund dafür gewesen sein?

Kinderleben. Relief auf einem römischen Sarkophag. 2. Jh. n. Chr. Paris, Musée du Louvre.

96 Wortschatz

Witte nicht verbechseln! 1

Betrachte jeweils genau und übersetze:

a) certe	↔	ceterum	
....	↔	....	
b) colligo	↔	colo	
....	↔	....	
c) memor	↔	memoria	
....	↔	....	
d) illic	↔	illi	
....	↔	....	

e) resto	↔	resisto	↔	restituo
....	↔	....	↔	....
f) ingenium	↔	initium	↔	incendium
....	↔	....	↔	....
g) rui	↔	rupi	↔	ruri
....	↔	....	↔	....

Sprachgefühl 2

Finde jeweils eine treffende Übersetzung.

a) milites colligere **b)** iram colligere **c)** incendium urbis **d)** incendium amoris **e)** spatium dierum viginti **f)** spatium inter exercitus **g)** id restat **h)** hostes restant **i)** memor beneficii

Sprachgewandt 3

Finde für die folgenden Wendungen ein treffendes deutsches Wort. Orientiere dich dabei am Beispiel.

a) jdn. beleidigen iniuria	**b)** .... exilio	**c)** .... dolore	**d)** .... supplicio
e) .... vulnere	aliquem afficere		**f)** .... poena
g) .... honore	**h)** .... timore	**i)** .... munere	**j)** .... praemio

4 Das Kreuz mit dem PFA!

Bilde zu den Infinitiven das Partizip Futur Aktiv in der angegebenen Form.

Waagrecht: 4. venire (*Akk. Sg. n*) 9. appetere (*Gen. Sg. f*) 10. arcessere (*Nom. Sg. f*) 11. habere (*Akk. Sg. n*) 13. rumpere (*Akk. Pl. m*) 14. necare (*Nom. Pl. f*)

Senkrecht: 1. esse (*Gen. Sg. n*) 2. vocare (*Dat. Sg. f*) 3. vincere (*Nom. Pl. m*) 5. reprehendere (*Akk. Pl. m*) 6. decernere (*Dat. Sg. f*) 7. petere (*Dat. Sg. m*) 8. servare (*Dat. Pl. m/f*) 12. mittere (*Akk. Sg. m*)

5 Wo ein Wille ist, ist auch ein Weg!

Setze die richtige Form des PFA ein und übersetze danach die Sätze.

a) Hostes patriae perniciem .... (afferre) erant.

b) Miles urbem .... (defendere) est.

c) Dominus servum poena .... (afficere) erat.

d) Mercator equum .... (emere) est.

e) Coriolanus scelus .... (committere) erat.

f) Scipio Carthaginem .... (delere) non erat.

g) Mulieres gladiatores .... (spectare) amphitheatrum intrant.

h) Poeni bella .... (gerere) erant.

i) Hannibal arma .... (capere) erat.

j) Plebs verba imperatoris .... (audire) tacuit.

Eine außergewöhnliche Freundschaft

In Ciceros philosophischer Schrift „De amicitia“ wird Laelius gefragt, wie er den Tod seines Freundes Scipio verkrafte. Laelius gibt eine sehr persönliche Antwort, die viel über seine Lebensphilosophie aussagt:

„Scipio fuit talis amicus, qualis, ut puto, nemo umquam erit, nemo certe fuit. Morte igitur Scipionis maxime moveor. Sed mihi imprimis illud solacio est: Malum Scipioni accidisse non existimo. Puto enim non omnia morte exstingui. Sed credo animos hominum post mortem in caelum redire. Itaque cum Scipione actum est bene. Quid enim hunc pauci anni additi iuvissent? Nam vita eius praeclara fuit. Scitis enim virum nobilem fuisse pium in matrem, bonum in suos, iustum in omnes, durum in superbos. In Africam venit Poenos poena affecturus. Carthaginem deleturus non erat. Tamen eum hostes bella nova gesturos exstinguere oportebat. Utinam ne posteri Didonis tam superbi fuissent!“

Aufgabe 1
Markiere zunächst alle Formen des Partizip Futur Aktiv und übersetze dann den Text.

Aufgabe 2

a) Laelius spricht in diesem Text sehr gut über seinen Freund Scipio. Finde im Text positive Begriffe, mit denen Laelius ihn und sein Wirken umschreibt.

b) Beschreibe das Besondere an der Wortstellung im Satz „Scitis enim virum nobilem fuisse pium in matrem, bonum in suos, iustum in omnes, durum in superbos.“ (Z. 5 f.). Warum verwendet Laelius diese Wortstellung?

Aufgabe 3
Übersetze die folgenden Gedanken zum Thema „Freundschaft“.

a) Amicus est unus animus in duobus corporibus.

b) Amicum res secundae parant, adversae probant.

c) Amicus certus in re incerta cernitur.

Angriff auf Karthago.
Aquarell von Severino Baraldi.
20. Jh. Privatbesitz.

1 Wortschatzerweiterung

Mithilfe des neu gelernten Wortschatzes und der vorgegebenen Konsonanten kannst du die Bedeutung der unten stehenden, dir unbekannten Vokabeln erschließen.

a) mīlitia — Kr _ _ gsd _ _ nst

b) satietās, ātis *f* — R _ _ chl _ chk _ _ t, _ b _ rfl _ ss, G _ n _ g _

c) coniūrātus — V _ rschw _ r _ r

d) convīva *m* — T _ schg _ n _ ss _ , G _ st

e) satiāre, satiō — s _ tt _ g _ n

f) ōtiōsus, a, um — _ nt _ t _ g, m _ ß _ g, fr _ _ dl _ ch

g) mīlitāre, mīlitō — Kr _ _ gsd _ _ nst l _ _ st _ n

h) cōnservātor, ōris *m* — R _ tt _ r

i) accessiō, ōnis *f* — _ nn _ h _ r _ ng, Z _ w _ chs

j) satisfacere, satisfaciō — G _ n _ g _ t _ n, _ rs _ tz l _ _ st _ n

k) familiāritās, ātis *f* — v _ rtr _ _ t _ r _ mg _ ng, Fr _ _ ndsch _ ft

l) negōtiātor, ōris *m* — Gr _ ßh _ ndl _ r, G _ sch _ ftsm _ nn

m) cōnservātiō, ōnis *f* — _ _ fb _ w _ hr _ ng, _ rh _ lt _ ng

2 Kammrätsel

a) Die Wörter bedeuten:
1 allmählich **2** mehr **3** nahe, beinahe **4** sofort **5** um (ein) wenig **6** also, daher **7** (zu) wenig **8** bekannt, in aller Öffentlichkeit **9** wegen **10** dann, später **11** erstens, zum ersten Mal

1 P _ _ _ _ _ _ _
2 P _ _ _
3 P _ _ _ _
4 P _ _ _ _ _ _ _
5 P _ _ _ _
6 P _ _ _ _ _ _
7 P _ _ _ _
8 P _ _ _ _
9 P _ _ _ _ _ _
10 P _ _ _
11 P _ _ _ _ _

b) Die Wörter bedeuten:
1 wohin? **2** wie viel(e)? **3** weshalb? wodurch? **4** wie oft? sooft **5** weil, dass **6** obwohl **7** auf welche Weise? wie? **8** gleichsam **9** was denn? **10** auch **11** da ja, da nun

1 Q U _
2 Q U _ _
3 Q U _ _ _
4 Q U _ _ _ _ _ _
5 Q U _ _
6 Q U _ _ _ _ _ _
7 Q U _ _ _ _ _ _ _ _ _
8 Q U _ _ _
9 Q U _ _ _ _ _
10 Q U _ _ _ _
11 Q U _ _ _ _ _

3

Ergänze die fehlenden Infinitive!

Präsens Aktiv	Präsens Passiv	Perfekt Aktiv	Perfekt Passiv	Futur Aktiv
docere				
	diligi			
		legisse		
			captum esse	
				auditurum esse

4

Hoffnungen über Hoffnungen ...

Setze den Infinitiv Futur in die folgenden Sätze ein und übersetze sie.

a) Cives: „Speramus consulem nos (servare) ....“

b) Atticus: „Spero Ciceronem multas epistulas ad me (scribere) ....“

c) Senes: „Speramus iuvenes auctoritatem nostram (respicere) ....“

d) Catullus: „Spero me vitam otii plenam (agere) ....“

e) Cicero: „Spero me virum clarum (esse) ....“

f) Poetae novi: „Speramus multos homines carmina nostra (cognoscere) ....“

5

Gedanken über Gedanken ...

Setze die vorgegebenen Infinitive in die Sätze a) – h) ein und übersetze die neu entstandenen Sätze.

risuros esse – scripturum esse – laesurum esse – reprehensurum esse – laesura esse – accessurum esse – victurum esse – lecturum esse

Cicero über Catull: **a)** „Non putavi (hätte geglaubt) Catullum me .... **b)** Catullus negat se umquam ad rem publicam .... **c)** Spero omnes eum .... **d)** Catullus ostendit se vitam otii plenam .... **e)** Confirmo me numquam carmina istius ....“

Catull über Cicero: **f)** „Scio eum nos semper .... **g)** Spero me meliora carmina quam illum .... **h)** Exspecto carmina nostra eum ....“

6 Unverhoffte Rettung

Aus Kapitel 91 kennst du bereits das Schicksal des mythischen Sängers Arion (Arīōn, onis *m*). Der folgende Text erzählt nochmals diese Geschichte. Er stammt jedoch von einem anderen Autor und legt auf andere Aspekte Wert.

Arion poeta ad Siciliam et Italiam accessit illas terras praeclaras visurus. Etiam speravit se cives urbium arte sua delectaturum esse. Et profecto homines eum dilexerunt et – carminum eius memores – magnis donis affecerunt. Tunc dixit se in patriam rediturum esse et paulo post navem ascendit mare transiturus.

In mari alto autem nautae[1] pecuniam poetae rapturi decreverunt se poetam necaturos esse. Periculum sentiens poeta promisit se sceleratis omnia sua daturum et tum navem relicturum esse. Ceterum dixit se carmen triste cantare velle. Eo carmine cantato Arion se in undas praecipitavit[2]. Illic delphinus[3] poetam a morte conservavit eum in Graeciam portans.

Nautae autem, qui nesciverunt ei delphinum auxilio venisse, Arionem mortuum esse putaverunt. Poeta autem ad Periandrum[4] regem, familiarem suum, properavit ei omnia, quae acciderant, narraturus. Rex protinus promisit se nautas poena affecturum esse.

[1]nauta *m* Seemann [2]praecipitāre kopfüber stürzen
[3]delphīnus: *vgl. Fw.* [4]Periandrus Periander (Tyrann von Korinth)

Römisches Mosaik aus Henchir Thyna (Tunesien). 3. Jh. n. Chr.

Aufgabe 1
Markiere zunächst alle Infinitive Futur Aktiv und die übrigen Formen im PFA mit unterschiedlichen Farben. Übersetze dann den Text.

Aufgabe 2
In der Antike war man der Meinung, dass Dichter und Sänger unter dem besonderen Schutz der Götter standen. Wie belegt unsere Geschichte diese Auffassung? Was bedeutet diese Tatsache für das Verbrechen, das die Seeleute begehen?

Aufgabe 3
Woran erkennst du, dass die Abbildung den Sänger Arion darstellt?

Kleiner Unterschied, große Wirkung! 1

Unterscheide beim Übersetzen ganz genau!

a) FALLERE – FAVERE – CAVERE – CARERE – PARERE – PATERE – LATERE
b) SANUS – SALUS – SOLUS – SOLUM – DOLUM – DONUM – DOMUM

Computerfehler! 2

Alle Wortzwischenräume wurden gelöscht, sodass riesige Wortungetüme entstanden sind. Identifiziere die ursprünglichen Wörter, trenne sie voneinander ab und übersetze sie.

a) Substantive: COLUMNAHORTUSVATESOMENRADIUSTHESAURUSERRORFLOSENSISCLADESCRUCIATUSFRAUS

b) Adjektive: IMMANISDOCTUSFOEDUSMAGNIFICUSEXIMIUSAVIDUSSEVERUSQUIETUSATROXFORMOSUSFEROXINFANDUS

c) Adverbien: NOCTUCITOCLAMALIBIIDEOCOTTIDIEIMPUNEILICO

d) Verben: CONTEMNEREVULNERARECELAREINVADEREASCENDEREFURERERECUSAREINICEREVIGILARE

Wortfamilie „sanus" 3

Ordne die folgenden lateinischen Wörter ihren deutschen Bedeutungen zu.

a) sanare b) sanitas c) insanus d) insania e) insanire

1 wahnsinnig sein, verrückt sein 2 Gesundheit, Besonnenheit
3 wahnsinnig, rasend, verrückt 4 Wahnsinn, Verrücktheit
5 heilen, zur Vernunft bringen

Gegenteilig 4

Durch die Vorsilbe in- wird die Bedeutung eines Wortes ins Gegenteil verkehrt. Der Konsonant n wird dabei oft an den folgenden angeglichen. Übersetze die folgenden Adjektive, die die Vorsilbe in- gemeinsam haben.

a) incertus b) indignus c) incredibilis d) infelix e) impius
f) improbus g) immortalis h) ignotus

5 Alles Konjunktiv!

Ergänze die fehlenden Konjunktivformen:

Präsens	Imperfekt	Perfekt	Plusquamperfekt
sim			
	velles		
		lacessiverit	
			favissemus
sciatis			
	redirent		

6 Streichkonzert

Streiche alle Formen, die keine Konjunktive sind. Die Anfangsbuchstaben der restlichen Wörter ergeben, von hinten nach vorne gelesen, einen Grammatikbegriff.

vellem – ignoscas – capient – rexistis – taceant – sedent – abeas – licet – intravero – temptaveritis – possint – deseret – ornetis

7 Wunschkonzert

Füge die Ziffern der Sätze 1–9 an der richtigen Stelle in die nachfolgende Übersicht ein.

1 Utinam hoc fecisses! 2 Utinam hoc faceres! 3 (Utinam) Hoc facias! 4 Libenter hoc facerem. 5 Ne hoc feceris! 6 Hoc faciamus! 7 Hoc faciat! 8 Libenter hoc fecissem. 9 (Utinam) Hoc feceris!

Hortativ	a)	Lasst uns dies tun!
Jussiv	b)	Er soll dies tun!
Optativ der Gegenwart (erfüllbarer Wunsch)	c)	Hoffentlich tust du das!
Optativ der Gegenwart (unerfüllbarer Wunsch)	d)	Wenn du dies doch tun würdest!
Irrealis der Gegenwart	e)	Gerne würde ich das tun.
Optativ der Vergangenheit (erfüllbarer Wunsch)	f)	Hoffentlich hast du dies getan!
Prohibitiv	g)	Tu das nicht!
Optativ der Vergangenheit (unerfüllbarer Wunsch)	h)	Wenn du dies doch getan hättest!
Irrealis der Vergangenheit	i)	Gerne hätte ich dies getan.

Göttliche Hilfe

Multi homines voluntatem deorum cognituri oraculum Delphicum[1] de rebus futuris consuluerunt. Speraverunt enim consilium deorum sibi usui futurum esse. Itaque per viam sacram ad oraculum accesserunt. Sententiae autem Pythiae[2] sacerdotis saepe ambiguae[3] erant:

Cum Xerxes[4], rex Persarum, bellum gesturus in Graeciam venisset, Athenienses[5] maximo periculo perterriti Apollinem Delphicum adierunt. Tum Pythia a deo excitata haec verba pronuntiavit: „Utinam cives moenibus ligneis[6] se defendant!“ Turba illa verba obscura Apollinis non intelligente nonnulli dixerunt: „Res nostras in arcem portemus et moenibus ligneis arcis nos defendamus!“ Themistocles[7] solus vim veram verborum comprehendens „Ne“, ait, „hoc feceritis! Oro, ut mecum veniatis.“ His verbis dictis Athenienses ilico urbem reliquerunt in portu naves – moenia lignea – ascensuri. Et profecto Themistocle duce Xerxem proelio vicerunt. Utinam deus omnibus consulentibus pariter favisset!

[1] ōrāculum Delphicum das Orakel von Delphi [2] Pythia Pythia (die Priesterin des Gottes Apollon) [3] ambiguus rätselhaft [4] Xerxēs, is *m* Xerxes (persischer Großkönig, 519–465 v. Chr.) [5] Athēniēnsis, is *m* Athener [6] līgneus hölzern [7] Themistoclēs, is *m* Themistokles (athenischer Politiker und Feldherr, 525–459 v. Chr.)

Aufgabe 1
Markiere zunächst alle Konjunktive im Hauptsatz, die du im Text findest, und erkläre sie. Übersetze dann den lateinischen Text ins Deutsche.

Aufgabe 2
Am Eingang zum Tempel des Apollon in Delphi war eine Aufforderung angebracht, die auf Lateinisch „Nosce te ipsum!“ heißt. Übersetze diesen Satz. Was könnte er bedeuten?

Das Schatzhaus der Athener im heiligen Bezirk von Delphi. 5. Jh. v. Chr.

Aufgabe 3
Auf der Abbildung siehst du das so genannte Schatzhaus der Athener in Delphi. Überlege, warum so viele dieser Schatzhäuser – insgesamt über 30 – in unmittelbarer Nähe des Apollonheiligtums errichtet wurden.

1 Witte nicht verbechseln!

Unterscheide und übersetze.

a) inde – illic – istic – huc – illuc **b)** praeterea – postea – antea **c)** videre – visere – vivere – vincere **d)** posse – possidere – postulare **e)** aut … aut – et … et – neque … neque – modo … modo – tam … quam **f)** premere – prehendere – comprehendere – reprehendere **g)** occidere – occīdere – occupare – occurrere

2 Lauftraining

Erschließe mithilfe der Angaben 1–9 die Bedeutung der Komposita von currere:

a) concurrere **b)** accurrere **c)** occurrere **d)** discurrere **e)** incurrere in *m. Akk.* **f)** praecurrere *m. Dat.* **g)** recurrere **h)** succurrere **i)** decurrere

1 zu Hilfe eilen **2** jdm. vorauseilen **3** zurücklaufen **4** auseinanderlaufen **5** anstürmen gegen jdn. **6** zusammenlaufen **7** herbeieilen **8** herablaufen **9** begegnen

3 Repetitio est mater studiorum.

Übung macht den Meister. Übersetze die folgenden Ausdrücke.

a) amicum confirmare **b)** gloria inanis **c)** aditus opportunus **d)** oram visere **e)** ludum tantum in animo habere **f)** omnia membra civitatis **g)** libellum perferre **h)** fenestram claudere **i)** auctoritas praetoris **j)** munitionem conspicere

4 Mutter Latein

a) Führe die folgenden italienischen Infinitive auf ihr lateinisches Ursprungswort zurück und übersetze sie.

promettere – lavorare – rispóndere – scrivere – vedere – aprire – rimanere

b) Suche nach dem folgenden Beispiel die zugehörigen lateinischen Begriffe und übersetze sie:

chiamare ← clamare → rufen

chiudere – chiaro – pieno – piacere

c) Übersetze und interpretiere mithilfe deiner Lateinkenntnisse die Aufschrift auf dem nebenstehenden T-Shirt.

Das Kreuz mit dem Adverb! 5

Bilde Adverbformen.

Waagrecht: **2.** am besten **5.** schlechter **10.** schöner **11.** mehr **14.** am schnellsten **15.** besser **16.** am tapfersten **17.** am schlechtesten **18.** freundschaftlicher **19.** am leichtesten **20.** gewissenhafter

Senkrecht: **1.** am ehrenhaftesten **3.** glücklicher **4.** am meisten **6.** am weisesten **7.** angenehmer **8.** grausamer **9.** am schönsten **12.** schneller **13.** häufiger

Ziemlich sehr 6

Übersetze wie im folgenden Beispiel: crudelius: *ziemlich grausam* / crudelissime: *sehr grausam*

a) melius / optime **b)** peius / pessime **c)** plus / plurimum
d) fortius / fortissime **e)** facilius / facillime

Unvergleichlich 7

Übersetze die folgenden Sätze mit Ablativ des Vergleichs.

a) Titus melius dicit Cicerone. **b)** Felicius pugnat Caesare. **c)** Honestius vivit Augusto.
d) Sapientius iudicat Solone. **e)** Cultum Graecum plus amat Scipione.

Unvergessen 8

Übersetze und beachte dabei die verschiedenen Bedeutungen von quam.

a) Antigona, quam scitis, soror Polynicis fuit. **b)** Quam fortis erat illa femina!
c) Nulla femina diligentior erat quam illa. **d)** Nam postulavit, ut frater mortuus quam honestissime terra tegeretur.

9 Mutiges Verhalten

Maecenas fuit familiaris Augusti, qui rem publicam multos annos sapientissime et iustissime rexit. Augusti autem natura varia fuit: Imperator modo fuit animo placido, modo animo vehementiore. At Maecenas apud Augustum, qui non desiit ipse summam virtutem petere et mores civium corruptos vehementissime reprehendere, plurimum valebat. Saepe auctoritate, quam apud amicum potentissimum possidebat, eius consilia ad melius flectebat et plurimis auxilio veniebat: Quondam Augustus ius dixit et multos sceleratos supplicio affecturus erat. Aderat istic Maecenas, quem imperator de multis negotiis frequentius consulebat. Cum ei ad Augustum propter turbam aditus non esset, in tabulam quam celerrime haec scripsit verba: „Surge tandem, carnifex[1]!“ Eam tabulam prehendit et ad Augustum proiecit[2]. His verbis lectis imperator celeriter surrexit nec iussit accusatos interfici.

[1]carnifex *m* Henker [2]prōicere, prōiciō, prōiēcī hinwerfen

Aufgabe 1
Wiederhole die folgenden lateinischen Wörter zum Sachfeld „Gericht“:

accusare – basilica – crimen – culpa – damnare – fur – interficere – iudex – iudicare – iudicium – iurare – ius – iustus – lex – poena – praetor – sceleratus – scelus – supplicium – testis – vincula

Übersetze danach den lateinischen Text ins Deutsche.

Giovanni Battista Tiepolo: Mäzenas stellt die Künste unter den Schutz des Augustus. 18. Jh. Sankt Petersburg, Staatliche Ermitage.

Aufgabe 2
Im nebenstehenden Gemälde siehst du, wie Mäzenas dem Kaiser Augustus Allegorien der freien Künste Malerei, Bildhauerei und Architektur präsentiert. Auch Homer ist anwesend, der für die Dichtkunst steht. Welche Personen kannst du zuordnen?

100

Wörterschlange 1

Trenne die Wörter richtig voneinander ab und übersetze.

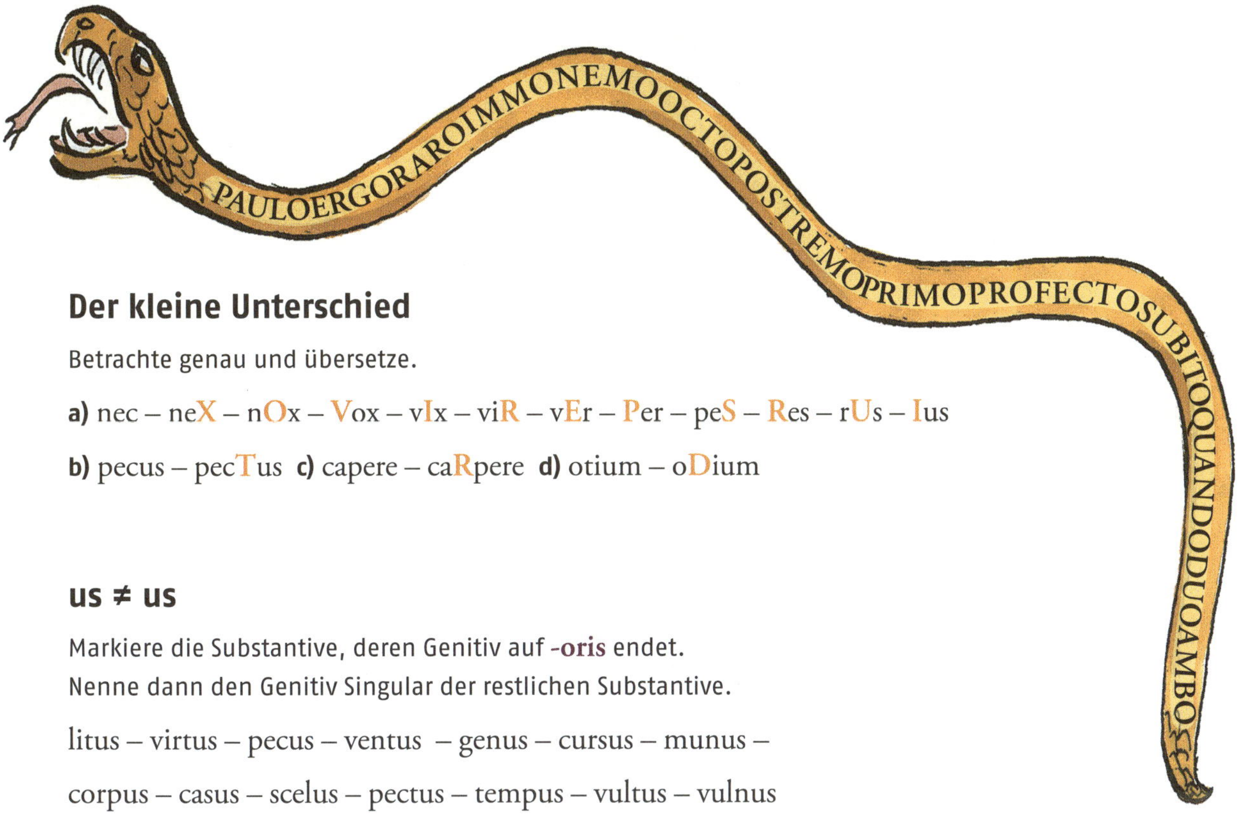

Der kleine Unterschied 2

Betrachte genau und übersetze.

a) nec – neX – nOx – Vox – vIx – viR – vEr – Per – peS – Res – rUs – Ius

b) pecus – pecTus **c)** capere – caRpere **d)** otium – oDium

us ≠ us 3

Markiere die Substantive, deren Genitiv auf **-oris** endet.
Nenne dann den Genitiv Singular der restlichen Substantive.

litus – virtus – pecus – ventus – genus – cursus – munus –
corpus – casus – scelus – pectus – tempus – vultus – vulnus

Ausdrucksstark 4

Übersetze die folgenden Ausdrücke.

a) occupatus in munitione castrorum **b)** invidiae plenum esse **c)** alicui esse invidiae **d)** dicta testium **e)** se in arcem recipere **f)** divus Augustus

Sprachgewandt 5

Füge die vorgegebenen Begriffe so ein, dass fünf italienische Redewendungen entstehen.
Ihre deutsche Bedeutung ist jeweils angegeben.

povertà non – la verità – errare – ogni promessa – il padre di tutti vizi

a) .... *è nel vino.* Im Wein liegt die Wahrheit.

b) *Umana cosa è* .... Irren ist menschlich.

c) .... *è debito.* Versprochen ist versprochen.

d) *L'ozio è* .... Müßiggang ist aller Laster Anfang.

e) .... *è vizio.* Armut ist keine Schande.

6 ND gut, alles gut!

Markiere die Formen des Gerundiums und benenne jeweils den Kasus.
Bestimme danach die restlichen Verbalformen.

a) persuadendi – persuasi – persuaderi – persuadenti

b) addidi – addendi – addenti – additi – addi

c) fundi – fundendi – fudi – fundenti

d) superanti – superati – superari – superandi – superavi

e) vocati – vocandi – vocavi – vocari – vocanti

7 Sprachkunst

Übersetze die folgenden Ausdrücke mit einem einzigen Wort.

a) ars dicendi ....

b) ars amandi ....

c) ars cantandi ....

d) studium discendi ....

e) modus vivendi ....

f) voluntas vincendi ....

g) cupiditas iter faciendi ....

h) cupidus discendi ....

i) paratus ad pugnandum ....

8 Schön wär's!

a) Qui cupidus discendi est, bonus discipulus erit. **b)** Multi discipuli libenter scribendo et legendo se exercent. **c)** In ludo discendi causa sumus. **d)** Is maxime idoneus erit ad docendum, qui plurima didicerit. **e)** Mens homini ad cogitandum data est.

9 Sprachverständnis

Übersetze und erkläre die folgenden Sentenzen.

a) Nihil agendo homines male agere discunt.

b) Fama crescit eundo (Gerundium von ire).

A. Paul Weber: Das Gerücht. Lithografie 1943/1953.

Stadtmaus und Landmaus

Quondam mus urbanus[1] familiarem visit, qui ruri vitam duram, sed tutiorem agebat. Mus rusticus[2] amicum nobilem delectaturus cibos varios – sed miseros – paravit. Comiti autem cena non placuit; immo: „Libenter“, ait, „concedo cibos istos mihi non esse gratos. Artem vivendi omnino neglegis. Cur occupatus in negotiis silvas et labores urbi et otio praefers? Carpe diem et mecum in urbem veni! Ibi iucundissime vivamus!“

His verbis motus mus rusticus cupidus abeundi erat et urbem ignotam petivit. Paulo post cum amico domum praeclaram et optimorum ciborum plenam intravit. Hic, postquam maximo cum gaudio quasi divus[3] cenavit, quiescendi causa se recepit, cum subito dives dominus villae cum canibus adfuit. Ei murem rusticum magna voce in quiescendo perterruerunt. Cum tandem abissent, mus rusticus: „Ego“, ait, „ad timendum creatus non sum. Patriam meam desidero, ubi vitam bonam sine timore agere possum. Vale!“

Arthur Rackham: The Town Mouse and the Country Mouse. Colorierte Federzeichnung. 1912. Privatbesitz.

[1]mūs urbānus Stadtmaus [2]mūs rūsticus Landmaus [3]dīvus → deus

Aufgabe 1
Im Text findest du verschiedene Zeitadverbien. Suche und übersetze sie und vervollständige deine Liste durch die lateinischen Begriffe für *heute*, *schließlich*, *immer noch*, *vorher* und *dann* (und deren Gegenteil). Übersetze dann den lateinischen Text ins Deutsche, nachdem du alle Formen des Gerundiums und Partizips markiert hast.

Aufgabe 2
a) „Jedes Ding hat zwei Seiten.“ Finde im Text Ausdrücke, mit denen man die beiden Seiten des Land-, aber auch des Stadtlebens beschreiben könnte.
b) Fasse die Moral dieser Fabel, also die Lehre, die man aus ihr ziehen kann, in einem Satz zusammen.

Aufgabe 3
Beschreibe, wie die Land- und die Stadtmaus auf dem Bild dargestellt sind. Was sagt das über ihre Lebensweise aus?

1 Wortbildung I

Gleiches Verbum simplex – anderes Präfix (Vorsilbe). Übersetze.

a) **a**mittere – **com**mittere – **di**mittere – **o**mittere – **per**mittere – **pro**mittere

b) **af**ferre – **de**ferre – **dif**ferre – **in**ferre – **of**ferre – **per**ferre – **prae**ferre – **re**ferre

2 Wortbildung II

Gleiches Präfix (Vorsilbe) – anderes Verbum simplex. Übersetze.

a) in**cendere** – in**cipere** – in**dicare** – in**ferre** – in**ire** – in**stare** – in**venire**

b) per**ficere** – per**ire** – per**suadere** – per**terrere** – per**tinere** – per**venire**

c) pro**cedere** – pro**ferre** – pro**mittere** – pro**videre**

3 Opus magnum

Übersetze, wer was braucht.

a) Gladiatori violato auxilio opus est.

b) Puellae dote opus est.

c) Vobis exemplo opus est.

d) Omnibus hominibus aqua opus est.

e) Mihi pecunia opus est.

4 Mutter Latein

Gib jeweils das lateinische Ursprungswort der farbig gedruckten englischen Wörter an und übersetze.

a) ***diverse*** *cultures* **b)** *an* ***incendiary*** *bomb* **c)** *a perfect* ***example*** **d)** *to* ***permit*** *contact* **e)** *a* ***grand*** *occasion*

f) ***contradictory*** *sentences* **g)** *a model of* ***probity*** **h)** *Human* ***dignity*** *is* ***inviolable***.

5 Sprachgewandt

Füge die vorgegebenen Begriffe so ein, dass fünf italienische Sprichwörter entstehen.
Ihre deutsche Bedeutung ist jeweils angegeben.

sfortuna in amore – sono i più dolci – il silenzio è d'oro – chi ride ultimo – porta consiglio

a) *Fortuna al gioco,*	Glück im Spiel, Pech in der Liebe.
b) *La notte*	Guter Rat kommt über Nacht.
c) *La parola è d'argento,*	Reden ist Silber, Schweigen ist Gold.
d) *I frutti proibiti*	Verbotene Früchte sind süß.
e) *Ride bene*	Wer zuletzt lacht, lacht am besten.

Fundsache

6

Markiere alle Formen des Gerundiums. Ist alles richtig gemacht, so ergeben sich zwei Lösungswörter, wenn du die in den richtigen Wörtern farbig gedruckten Buchstaben aneinanderreihst.

optandum – ludo – violandi – servando – ostendo – faciendi – incendi – persuadendo – existimando – dono – oppidi – reprehendendo – reprehendo – addendo – addo – omitto – omittendi – creandi – secundo

Lösungswörter: ▢▢▢▢▢▢▢ ▢▢▢▢▢

Lückenlos

7

Setze die folgenden Formen des Gerundiums in die richtige Lücke ein.
Übersetze dann die entstandenen Ausdrücke.

pugnandum – discendo – relinquendi – cogitandum – cantandi – fugiendi – vivendo

a) spes periculum celeriter ▢▢▢▢▢▢▢▢

b) tempus ad diu ▢▢▢▢▢▢▢▢▢▢

c) ars iucunde ▢▢▢▢▢▢▢▢

d) paratus ad fortiter ▢▢▢▢▢▢▢▢▢

e) memoriam diligenter ▢▢▢▢▢▢▢▢ exercere

f) consilium patriam quam celerrime ▢▢▢▢▢▢▢▢▢▢▢

g) de beate ▢▢▢▢▢▢▢ cogitare

Gardinenpredigt

8

Nicht nur Ovids Vater plagen Sorgen. Auch ein anderer Vater redet seinem Sohn und seiner Tochter ins Gewissen. Übersetze.

a) „Idoneusne es ad exercendum – ad semper exercendum – ad semper diligenter exercendum? **b)** Esne parata ad discendum – ad saepe discendum – ad saepe optime discendum? **c)** Cepistine consilium laborandi – consilium iterum atque iterum laborandi – consilium iterum atque iterum bene laborandi? **d)** Esne cupida legendi – cupida libros legendi – cupida libros saepe legendi? **e)** Estne vobis ingenium cogitandi – ingenium res difficiles cogitandi – ingenium res difficiles diu cogitandi? **f)** Ergo me delectate studio discendi – studio multa discendi – studio multa optime discendi!“

9

Schon wieder Ärger!

Erneut ist es zum Streit zwischen Ovid und seinem Vater gekommen.

Pater: „Moneo te, mi fili[1], ne desinas artem bene dicendi discere. Profecto artes scribendi et dicendi difficiles sunt. Ea de causa iter tuum longum et laboris plenum erit. Sed ecce fratris tui studium ius dicendi! Ille paratus est ad diligenter et frequenter laborandum. Ille cupidus est dignitatem viri probi et grandis quaerendi. Ille idoneus est ad cogitandum et bene agendum. Et tu, mi fili? Tu profers te puerum cupiditate carmina scribendi incensum esse."

Ovidius: „Sic est! Mihi carminibus opus est ad beate vivendum. Versus facere desidero, sine versibus vivere haud possum. Cur mihi non permittis versus meos scribere? Scisne Vergilium, illum poetam egregium? Audivi eius quoque patrem artem carmina componendi non probavisse. Vergilius patri reprehendenti quondam haec respondit: ‚Pạrce, patẹr, virgịs[2], nolọ compọnere vẹrsus!' Ecce! Omnia, quae is scribere temptabat, versus erant. Et hodie nemo nomen eius non novit."

[1] mī fīlī: Vok. [2] virga die Rute

Aufgabe 1
Übersetze den Text ins Deutsche, nachdem du alle Formen des Gerundiums markiert hast.

Aufgabe 2
„Vita brevis, ars longa." Erläutere diese Sentenz mit Blick auf die Dichter Ovid und Vergil.

Aufgabe 3

a) Eine Illustration in der Übersetzung von Ovids Metamorphosen durch George Sandy aus dem Jahr 1632 zeigt ein Porträt Ovids. Lies und übersetze den Text im Medaillon. Erschließe dabei die Wörter, die dir nicht bekannt sind.

b) Benenne die beiden Götterfiguren neben dem Medaillon anhand ihrer Attribute.

102 Wortschatz

In Höchstform 1

Alles bestens, wenn du diese Superlative übersetzen kannst!

a) extremus **b)** maximus **c)** minimus **d)** optimus **e)** pessimus **f)** summus

Witte nicht verbechseln! 2

a) idem **b)** identidem **c)** equidem **d)** item **e)** quidem **f)** quidam

Wortkundig 3

Erschließe die Bedeutung der folgenden Wörter.

a) venustās, ātis *f* **b)** longinquitās, ātis *f* **c)** sevēritās, ātis *f* **d)** favor, ōris *m*
e) molestia **f)** vigilia **g)** raptus, ūs **h)** frīgidus, a, um

Falschab getrennt! 4

Mache die Trennfehler rückgängig und übersetze die falsch voneinander abgetrennten Wörter.

consu larisnoc tuse verusim manisavi dusbali neumfav ereform osusad vers ariuscito

Sachverstand 5

Ordne die folgenden Begriffe den drei Sachfeldern zu, indem du sie in der entsprechenden Farbe markierst:

Bestandteile des Hauses – menschliche Eigenschaften / Stimmungen – Familie

cella – modestia – avunculus – uxor – columna – miseria – atrium – desiderium – maritus – mater – luxuria – triclinium – ira – filia – cubiculum

Mutter Latein 6

Führe die farbig gedruckten englischen Wörter auf ihre lateinischen Ursprungswörter zurück und übersetze die Wendungen.

a) a ***unique*** talent **b)** an ***extreme example*** **c)** ***colloquial*** English **d)** ***frigid air***

Sprachkundig 7

Übersetze die folgenden Sätze, deren Wörter (fast) alle mit dem gleichen Buchstaben beginnen.

a) Vi viri vir periit. **b)** Vim vincit virtus. **c)** Vera via vitae veritas (!).

8 Warum nur?

Übersetze die folgenden Ausdrücke ins Deutsche.

a) discendi causa **b)** cogitandi causa **c)** reprehendendi causa **d)** audiendi causa

9 Präzisionsarbeit

Bestimme die Substantive nach KNG und suche die dazu passende Form des Partizips heraus.

a) feminae (**diligentis** / **diligens**) **b)** populi (**clamantis** / **clamanti**) **c)** viro (**laudati** / **laudanti**)
d) poetae (**reprehendenti** / **reprehensae**) **e)** philosophos (**expellentis** / **expulsos**)
f) puellis (**canentis** / **canentibus**)

10 Repetitio est mater studiorum.

a) Übersetze die folgenden Ablativi absoluti mit einem Präpositionalausdruck beliebiger Sinnrichtung.

1 adversariis resistentibus **2** coquo praesente **3** hominibus convocatis **4** vere ineunte
5 navigio deleto **6** aestate exeunte **7** itinere confecto **8** hostibus expulsis **9** iis rebus gestis
10 ea re nuntiata **11** deo iuvante **12** rege auctore **13** fratre vivo **14** Hannibale duce

b) Übersetze die folgenden Ablativi absoluti mit einem Adverbialsatz. Denke dir dabei den zugehörigen Hauptsatz in einem Vergangenheitstempus.

1 sodalibus auxilium petentibus **2** comite ad forum perveniente **3** periculis homines terrentibus
4 urbe relicta **5** periculo imminente **6** viris maxima virtute pugnantibus **7** fure deducto
8 cibis paratis **9** matre fabulam narrante **10** hostibus pulsis

c) Übersetze die folgenden Ausdrücke und bestimme die Ablative, die in ihnen enthalten sind.

1 puer magno ingenio **2** ab oppido prohibere **3** auxilio amicorum gaudere **4** eo anno
5 morte patris dolere **6** prima luce **7** vir magna vi corporis **8** liber (a) metu

11 Lebensweisheit

Übersetze die folgenden Sentenzen.

a) Volenti nihil impossibile (!) est.

....

b) Errando discitur.

....

c) Nulla aetas (Alter) ad discendum sera (zu spät).

....

d) Saepe currendo corpus confirmatur.

....

Die Eule, Symbol der Weisheit und heiliges Tier der Athene (Minerva). Griechische Vasenmalerei. 5. Jh. v. Chr.

Ein strenger Kaiser

Kaiser Augustus schickte Ovid in die Verbannung – vermutlich, weil dessen Werke nicht im Einklang mit den moralischen Grundsätzen des Kaisers standen. Wie sittenstreng der Kaiser auch bei seinen engsten Angehörigen war, zeigt die Art, wie er mit seiner Tochter Julia verfuhr.

Consilio mores maiorum conservandi capto Augustus Romanis leges severas dedit. Itaque oportebat imperatorem etiam Iuliam, filiam suam, eas leges contemnentem in exilium pellere. Plebe saepius reditum[1] petente pater filiae ignoscere noluit. Immo coegit eam in insula deserta vitam tristem agere. Ibi femina misella desiderio patriae longinquae vehementissime vexabatur. Pater etiam vetuit eam vinum bibere neque permisit familiares eam visere. Post quinque annos longissimos Augustus denique consilium Iuliam in continentem[2] re-vocandi cepit. Eo facto filiae quidem meliores condiciones vivendi praebuit, sed nullo modo adduci potuit, ut eam in urbem revocaret. Immo a quodam in colloquio de Iulia filia admonitus[3] identidem clamabat: „Utinam sine liberis essem!“ Adeo[4] imperatorem unicae filiae puduit.

[1]reditus, ūs: *Subst. zu* redīre [2]continēns, ntis *m* Festland [3]admonēre dē *m. Abl.* erinnern an
[4]adeō *Adv.* so sehr

Aufgabe 1
Übersetze den lateinischen Text ins Deutsche, nachdem du alle Formen des Partizips und des Gerundiums mit verschiedenen Farben markiert hast.

Aufgabe 2
Wie äußert sich die Verbitterung des Augustus gegenüber seiner Tochter im Einzelnen?

Aufgabe 3
Welcher Ehrentitel des Kaisers Augustus ist auf der Münze zu lesen? Überlege, ob sein Umgang mit seiner Tochter diesem Ehrentitel widerspricht. (Tipp: Das „F“ ist eine Abkürzung für filius.)

Aureus (Goldmünze) mit dem Porträt des Augustus. Auf der Rückseite ist die jungfräuliche Göttin Diana abgebildet. Um 9. v. Chr. Neapel, Museo Archeologico Nazionale.

Selbsttest zu den Lektionen 95–102

1 Optativ

7 BE

Marcus hat seinen Freund Sextus schon lange nicht mehr gesehen, weil dieser in die Fremde gezogen ist. Nun denkt Marcus an ihn und formuliert die folgenden Wünsche. Übersetze sie.

a) Utinam Sextus beatus sit!

....

b) Utinam ne patriam nostram reliquisset!

....

c) Utinam hodie quoque prope viveret et habitaret!

....

2 Partizip Futur Aktiv

9 BE

Aus zwei mach eins! Verbinde die Sätze so wie im Beispiel und übersetze sie danach.

Hector viros fortes collegit. Nam patriam **defendere voluit**.

→ Hector patriam **defensurus** viros fortes collegit.

→ Hektor sammelte tapfere Männer, **um** seine Heimat **zu verteidigen**.

a) Scipio trans mare venit. Nam Carthaginem capere voluit.

→ ....

→ ....

b) Scipio in Africam venit. Nam Poenos poena afficere voluit.

→ ....

→ ....

c) Poeni copias convocaverunt. Nam bellum cum Romanis gerere voluerunt.

→ ....

→ ....

3 Steigerung der Adverbien

6 BE

Bilde die Form des Komparativs (++) oder Superlativs (+++).

a) Augusto imperatore homines (**beate** ++) .... vivebant quam postea. Quando homines (**beate** +++) .... vixerunt?

b) Quam (**celeriter** +++) .... amicum meum visere volo. Nemo me (**celeriter** ++) .... properabit.

c) Omnes multum laborant, ego (**multum** ++) .... laboro, mater mea (**multum** +++) .... laborat.

Gerundium 5 BE 4

Vervollständige die Sätze, indem du die jeweils zutreffende Form auswählst.

agendi – amando – dicendi – docendi – vivendum

a) Virtus ad beate .... necessaria est.

b) Philosophus saepe in forum iit .... causa.

c) Cicero putabat tempus .... adesse.

d) .... amicos parabis.

e) Romani artem .... a Graecis discebant.

Erweitertes Gerundium 6 BE 5

Übersetze die folgenden Ausdrücke.

a) tempus nova inveniendi ....

b) ars libros difficiles diligenter legendi ....

c) cupidus versus bene scribendi et recitandi ....

Wer ist es? 7 BE 6

a) Ich bin ein bekannter Dichter in Rom, reize aber die Älteren gerne in meinen Gedichten. **b)** Nach dem Willen meines Vaters hätte ich Jurist werden sollen – aber wer hört von seinem Anwalt schon gern Gedichte? Ich kann nämlich nur in Versen reden – und wurde Dichter. **c)** Ich habe Karthago zerstört – und bin doch nicht recht froh darüber. **d)** Als Stellvertreter des Kaisers Augustus bin ich politisch aktiv, aber auch als Kunstförderer habe ich mir einen Namen gemacht. **e)** Ich bin überglücklich, weil Mäzenas mir ein Landgut geschenkt hat. **f)** Als vir vere Romanus höre ich nicht auf, meine Landsleute vor den Griechen zu warnen, interessiere mich andererseits aber für ihre Kultur. **g)** Ich habe es geschafft, der berühmteste Anwalt Roms und auch Konsul zu werden, galt aber einst als homo novus.

BE	40–35	34–29	28–23	22–17	16–11	10–0
Leistungs-stand	sehr gut	gut	befriedigend	ausreichend	mangelhaft	ungenügend

Bildnachweis

akg-images / Erich Lessing **60** | akg-images / Nimatallah **7** | akg-images / Electa **57** | akg-images / A. Paul Weber / VG Bildkunst **74** | Bildarchiv i.motion gmbh, Bamberg **55** | Bildarchiv Preußischer Kulturbesitz **15** | Bridgeman Art Library **5. 11. 63** | Bridgeman Art Library / Chris Beetles, London, U. K. **75** | Deutsches Theatermuseum, München / Ch. Schieckel **52** | dpa picture-alliance / Bodo Marks **21** | dpa picture-alliance / Sven Simon **67** | dpa picture-alliance / imagestate / HIP **13** | dpa picture-alliance / ZB / Peter Zimmermann **37. 69** | dpa picture-alliance / akg-images / Erich Lessing **80** | dpa picture-alliance / dpa-web / epa Louisa Gouliamaki **34** | dpa picture-alliance / Electa / Leemage **72** | Dr. Rudolf Schätz, München **47 (2)** | Franckh-Kosmos Verlags-GmbH & Co., Stuttgart **46** | getty images / Neil Fetcher / Dorling Kindersley **47 (1)** | getty images / De Agostini Picture Library **66** | Luciano Pedicini, Archivio dell'Arte, Napoli **81** | Photograph © 2010 Museum of Fine Arts, Boston **43** | Scala, Florenz / White Images **40** | ullstein bild / Thiele **49** | Verlagsarchiv.

Umschlag Vorderseite: **Cameo mit dem Porträt einer kaiserlichen Dame**. corbis images. | Der **Trajansbogen von Timgad (Algerien)**. dpa picture-alliance / Backhaus. | **Limeswachturm bei Erkertshofen, Kreis Eichstätt (Deutschland)**. mauritius images / imagebroker / Michael Rucker | Der **Septimius-Severus-Bogen in Rom (Italien)**. mauritius images / Radius images.

Umschlag Rückseite: Das **Hadrianstor in Antalya (Türkei)**. ullstein bild / imagebroker / Bahnmüller. | Der **Apollotempel in Side (Türkei)**. Fotolia / VRD | Die **Porta Nigra in Trier (Deutschland)**. mauritius / Hans-Peter Merten.